suhrkamp taschenbuch 1400

Paul Scheerbart, 1863 bis 1915.

Dieser Band enthält den »Berliner Roman« *Münchhausen und Clarissa* (1906) und die Erzählungen aus dem »Münchhausen-Brevier« *Das große Licht* (1912).

Im Jahre 1905 kommt der nun schon hundertachtzigjährige Baron Münchhausen zum Baron Rabenfels, der nebst Gattin und Tochter Clarissa in einer Villa am Wannsee bei Berlin lebt, und lädt sie ein zu seinen Vorträgen, die er über die Weltausstellung in Melbourne zu halten gedenkt. Im fernen Melbourne herrschen nämlich ganz andere Auffassungen, zumal über die Kunst. Neues, ganz Neues wollen die dortigen Künstler schaffen, und Neues heißt »Neue – ganz neue – Bilder«. Das Alte wird zerlegt und wieder auf neuartige Weise zusammengefügt; schaffen heißt für die Australier wie für Scheerbart »komponieren«. Im Roman wie in den Erzählungen wuchert eine reiche Bildphantastik. Chinesisches steht neben Annamitischem, Grönländisches neben einem Bericht über Münchhausen in afrikanischer Sklaverei. Es gibt eine Marionettentheatergeschichte, eine Staatsgeschichte, eine Hotelgeschichte, eine Diplomatengeschichte, aber auch eine Fabrikgeschichte. Unzweifelhaft fühlte Scheerbart, der »Weiseste der Sterblichen« (Anselm Ruest), in Münchhausen eine verwandte Seele; beide waren begnadete Aufschneider und Erzähler von Lügenmärchen.

Paul Scheerbart
Das große Licht

Gesammelte Münchhausiaden

Phantastische Bibliothek
Band 194

Suhrkamp

Redaktion und Beratung: Franz Rottensteiner
Münchhausen und Clarissa. Ein Berliner Roman erschien
erstmals 1906 im Verlag Oesterheld und Co., Berlin,
Das große Licht 1912 im
Dr. Gally Rabinowitz Verlag, Leipzig.
Umschlagmotiv: Tom Breuer

suhrkamp taschenbuch 1400
Erste Auflage 1987

Satz: IBV Satz- und Datentechnik GmbH, Berlin
Druck: Nomos Verlagsgesellschaft, Baden-Baden
Printed in Germany
Umschlag nach Entwürfen von
Willy Fleckhaus und Rolf Staudt

1 2 3 4 5 6 – 92 91 90 89 88 87

Inhalt

Münchhausen und Clarissa

Ein Berliner Roman

Das Vorspiel

Die Sonne ging unter. Ganz rot sah sie aus. Und der Schnee auf der Erde wurde so rot wie die Sonne.

Und die Gräfin Clarissa vom Rabenstein, die vor ihrem großen Spiegel saß und über ihre Zukunft nachdachte, wurde auch so rot wie die Sonne.

Es war der zehnte Januar des Jahres eintausendneunhundertundfünf. Vom Fenster der Gräfin aus konnte man den ganzen Wannsee übersehen. Der Wannsee war gefroren. Aber wenn auch ringsum im Berliner Grunewald sehr viel Schnee auf den Bäumen und auf der Erde lag, auf der Eisdecke des Wannsees lag kein Schnee.

Die unzähligen Farben des Sonnenuntergangs spiegelten sich auf dem spiegelglatten Eise in vielen dunkleren Tönen und so fein zusammengezogen, daß die Gräfin Clarissa, die es sah, an tausend Märchenschlösser dachte und entzückt ausrief:

»Marianne! Kommen Sie schnell! Sehen Sie den See! Der ist köstlicher als Perlmutter – nicht wahr? Der See gehört zu einem Märchenschloß. Hier kann man vergessen, daß man in Berlin wohnt.«

Die Kammerzofe kam und sah und sagte:

»Wenn das der *alte* Herr Baron von Münchhausen sehen könnte!«

»Aber, Marianne«, sagte lachend die Gräfin, »wie wäre das möglich? Der alte Herr lebt doch nicht mehr.«

Die Gräfin wandte dem großen Spiegel des Sees den Rücken zu und sah in den großen Spiegel ihres Zimmers und dann zu dem Bilde, das über diesem Spiegel hing, hinauf.

Auf diesem Bilde war der *alte* Münchhausen zu sehen – wie er auf einer Kugel ritt – hoch oben in der Luft – mit fliegendem Zopf.

»Es ist traurig, Marianne«, sagte die Gräfin, »daß wir heute mit unsern Zeitgenossen so unzufrieden sind. Im vorigen Jahrhundert sind so viele Dinge umgekrempelt worden. Aber die Menschen selber sind nicht umgekrempelt worden. Und so passen alle Menschen eigentlich nicht in unsre Zeit hinein. Der *alte* Münchhausen müßte kommen und die Menschen umkrempeln. Wenn der *alte* Baron heute leben würde, dann würde er nur noch auf Dynamitbomben reiten!«

»Wie sich doch die Zeiten ändern!« sagte die Marianne tiefsinnig.

Nach diesen Worten ertönte die große Hausglocke, und die Marianne ging hinaus, um zu hören, wer da kam.

Die Gräfin Clarissa blieb allein in ihrem Zimmer und blickte in den Eisspiegel des Wannsees hinein, auf dem die Farben immer dunkler wurden.

»Wer kann«, fragte sie leise, »jetzt zu uns kommen? Wir müssen doch gleich Mittag essen.«

Die Gräfin hatte ein sehr regelmäßiges Gesicht, einen sehr schmalen Nasenrücken und sehr hoch geschwungene goldbraune Augenbrauen und ruhige braune Augen.

»Jetzt bin ich schon achtzehn Jahre alt!« sagte sie leise und blickte dabei in ihrem Zimmer umher und horchte; in ihrem Zimmer waren alle Möbel fein geschnitzt – die Schnitzereien stellten seltsame Blumen dar, die es auf der Erde nicht gibt. Auch über die Wände rankten sich die seltsamen geschnitzten Blumen. Über die Decke des Zimmers war dunkelblauer Sammet gespannt, und ein dunkelblauer Sammetstoff bedeckte auch den Fußboden. Außer dem Bilde mit dem auf der Kanonenkugel reitenden Münchhausen gabs keinen Bildschmuck im Zimmer.

Unten im Arbeitszimmer des alten Grafen hörte man ein paar Türen hastig auf- und zumachen, die Farben auf dem See wurden ganz dunkel, Sterne wurden im Abendhimmel sichtbar, und die Gräfin Clarissa beugte sich weit nach vorn und lauschte.

Die Marianne hatte währenddem unten vor einer Türe des Empfangszimmers gehört, wie der Diener ehrfurchtsvoll nach dem Namen des Besuchers fragte, und dieser erwiderte mit ganz ruhiger tiefer Stimme:

»Ich bin der *alte* Baron Münchhausen.«

Als das die Marianne hörte, rannte sie schnurstracks zur Gräfin Clarissa hinauf und rief leise mit herumfuchtelnden Händen:

»Er ist es! Er ist es!«

Die Gräfin fragte:

»Wer denn«?

Und da sagte die Marianne zitternd:

»Der *alte* Baron Münchhausen! Der da!«

Und sie zeigte auf das Kugelbild über dem Spiegel der Gräfin.

Die Clarissa lachte darauf, daß es schallte, und flüsterte dann leise:

»Marianne! Marianne! Dir rappelt es schon.«

Aber die Marianne sagte:

»Wir wollen horchen. Der Baron ist im Arbeitszimmer des gnädigen Herrn. Auf der Galerie ist die Türe, die zum Harmonium führt, offen. Wenn wir also leise auf den Zehen zum Harmonium gehen, so hören wir Alles. Bitte, gnädigste Gräfin, nur das Taschentuch vor dem Munde. Bei Hustenanfall ziehen wir uns zurück. Ich gehe voran.«

Und sie ging voran, und die Gräfin Clarissa folgte – Beide mit dem Taschentuch vor dem Munde. Und hinter dem Harmonium setzten sie sich auf zwei Kissen, die da auf dem Fußboden lagen.

Unten im Arbeitszimmer sprach der alte Graf Adolf vom Rabenstein:

»Aber, Herr Baron, daß Sie mich zuerst mit Ihrem Besuche beehren, das ist mir eine große Herzensfreude. Was wird nur die Welt sagen, wenn sie hört, daß Sie wirklich noch leben! Das ist ja das größte Naturereignis unsrer Zeit. Also: einhundertundachtzig Jahre sind Sie alt, Herr Baron? Das sieht man Ihnen noch nicht an. Meine Tochter Clarissa ist grade erst achtzehn Jahre alt.«

Hierzu erwiderte der Baron mit seiner ruhigen tiefen Stimme:

»Herr Graf, wenn Sie der Meinung sind, daß mein Erscheinen in Europa ein großes Aufsehen erregen könnte, so irren Sie sich doch. Ich bin jetzt gute vier Wochen in Europa und habe die Europäer besser kennengelernt; die sind nicht so leicht aus dem Texte zu bringen. Wenn Alexander der Große plötzlich in Berlin erscheinen würde, so könnte man auch nur überall hören: Ach so! Alexander, der in Indien war! Und so wird man von mir auch nur sagen: Ach so! Münchhausen, der auf den Südseeinseln war! Ja, Herr Graf, Effekt machen – ist heutzutage sehr schwer.«

»Aber, Herr Baron!« rief da laut der alte Graf vom Rabenstein, »so schlecht dürfen Sie doch nicht von den Europäern denken. So lethargisch ist man hier doch noch nicht geworden.«

»Herr Graf«, sprach da der Baron ganz ernsthaft, »Sie sind ein alter Herr und leben nicht im Volke – Sie leben mehr in Ihrer köstlichen Villa – da haben Sie natürlich noch gar keine richtige Vorstellung von dem bellenden Stumpfsinn, der heute in Europa herrscht. Man könnte sich ja über all die maulaufsperrende Idiotie einfach schwach lachen – man müßte sich aber auch angegähnt vorkommen. Jedenfalls muß ich sofort mit meinem Automobilschlitten nach Potsdam fahren. Entschuldigen Sie mich, Herr Graf, daß ichs so eilig habe.«

Der Baron stand auf und reichte dem Grafen seine dunkelbraune Rechte, aber der Herr vom Rabenstein rief heftig:

»Halt, Herr Baron! So lasse ich Sie nicht fort. Ich hörte soeben, daß Sie auf den Südseeinseln waren. Ich lade eine kleine Gesellschaft ein – und Sie erzählen uns was.«

»Von den Südseeinseln«, versetzte Münchhausen, »können Ihnen andre Leute was erzählen. Wie wärs aber, wenn ich Ihnen von der letzten Weltausstellung in Melbourne erzählen möchte?«

»Entzückend! Großartig!« rief der Herr vom Rabenstein, »was Sie uns auch erzählen mögen – Sie werden hier begeisterte Zuhörer finden.«

»Indessen«, fuhr nun Münchhausen fort, »um Ihnen das zu erzählen, was ich Ihnen von der Weltausstellung in Melbourne erzählen möchte, dazu brauche ich mindestens sieben Tage – eine ganze Woche.«

»Köstlich! Wundervoll!« rief der Herr vom Rabenstein wieder, »Sie finden hier Zuhörer und Zuhörerinnen, die Ihnen ganz bestimmt sieben Jahre zuhören würden – davon können Sie wirklich überzeugt sein.«

Der Baron lächelte und sagte leise:

»Na, ja. Heute ist Dienstag. In Potsdam muß ich mehrere Tage bleiben. Doch nächsten Montag, den sechzehnten Januar des Jahres eintausendneunhundertundfünf werde ich pünktlich abends um sieben Uhr wieder hier sein. Empfehlen Sie mich den Ihrigen. Ich lasse die Damen um Entschuldigung bitten, daß ich mich ihnen heute noch nicht vorstellen ließ – aber ich habs eilig, da ich heute noch nach Potsdam muß.«

Und die beiden Herren verließen darauf das Arbeitszimmer, und die Gräfin Clarissa saß oben hinter dem Harmonium und weinte immerzu – und ihre Kammerzofe Marianne weinte ebenfalls. Und sie sprachen dabei nicht ein einziges Wort.

Der Baron Münchhausen setzte sich währenddem in sein Schlitten-Automobil, dessen Konstruktion er dem Grafen vom Rabenstein folgendermaßen erklärt hatte:

»Natürlich«, sagte er, »sind auch Räder gewöhnlicher Art unter meinem Automobil, außerdem aber befindet sich unten in der Mitte ein Stachelrad, das in Tätigkeit kommt, sobald die

Räder raufgezogen sind und die Eisenschienen den Schneeboden berühren.«

»Ich begreife!« hatte der Graf gesagt.

Und danach hatten sich die beiden Herren getrennt.

Als nun der alte Graf wieder sein Arbeitszimmer betrat, erschien der Oberkoch und meldete, daß das Mittagessen fertig sei.

Kaum aber hatte der Oberkoch ausgesprochen, so stürmte auf der Wendeltreppe, die vom Harmonium herunterführt, die junge Gräfin Clarissa herunter und rief mit schallender Stimme:

»Oberkoch! Wie können Sie in diesem erhabenen Raume, in dem soeben der erhabenste Geist aller Zeiten geredet hat, so triviale Worte wie ›Mittagessen‹ aussprechen? Merken Sie sich dieses: im Hause des Grafen vom Rabenstein wird in sechs Tagen kein einziger Happen gegessen. Wer sich Zeit zum Essen läßt, wird sofort entlassen. Geschlafen wird auch nicht mehr. Wir wollen den Baron Münchhausen nächsten Montag würdig empfangen und haben sämtlich alle Hände voll zu tun, um unsre Vorbereitungen zu treffen. Sprechen Sie nie mehr ein Wort vom Essen! Entfernen Sie sich, Herr Oberkoch!«

Der Herr Oberkoch stürzte hinaus und rannte in die Küche und flüsterte da zu seinem Personal:

»Kinder, die Gräfin Clarissa hat soeben den Verstand verloren; sie will sechs Tage und sechs Nächte hindurch fasten – und wir sollen das Fasten mitmachen.«

Er stürzte sich nach diesen Worten auf ein gebratenes Huhn und verzehrte es mit solchem Ingrimm, daß das Knochenknacken auf dem Hofe zu hören war – sodaß die großen Hunde immer näher kamen und ganz erstaunt aufhorchten; die Hunde glaubten, es wäre ein neuer Hund angekommen, da nach ihrer Meinung nur einer von ihrer Art so Knochen knacken könnte.

Zur selben Zeit lag aber die Gräfin Clarissa in den Armen ihres Vaters und lachte und weinte und redete immerzu:

»Väterchen«, sagte sie schließlich, »ich hab das heute beim Sonnenuntergange schon geahnt. Und denke Dir nur: ich habe mich natürlich oben geschämt, daß ich horchte. Aber deswegen habe ich den alten Herrn auch nicht gesehen. Nur seine Stimme habe ich gehört. Du aber hast ihn gesehen. Wie sieht er denn aus? Oh – erzähl mir das doch! Und wen wollen wir einladen? Und wie wollen wir unser Haus schmücken? Väterchen, ich glaube, ich bin ein bißchen toll geworden. Ich weiß nicht mehr, wo mir der Kopf steht.«

»Aber Kinder«, rief da die alte Gräfin Adolfine vom Rabenstein, »wollt Ihr denn nicht zum Essen kommen?«

Da stürzte die junge Gräfin Clarissa in die Arme ihrer Mutter.

Und es dauerte wohl eine gute Stunde, bis sich Alle so weit beruhigt hatten, daß sie sich zum Mittagessen niedersetzen konnten.

Da atmete der Oberkoch erleichtert auf.

Nach dem Mittagessen erklärte die alte Gräfin Adolfine das Folgende:

»Wir dürfen in keinem Falle unsre Ruhe verlieren. Wir dürfen am allerwenigsten den alten Herrn von Münchhausen wie den ersehnten Bräutigam unsrer Tochter empfangen. Wir müssen uns überhaupt durch die große Freude, die unsrer Tochter widerfahren ist, nicht zu Geschmacklosigkeiten hinreißen lassen. Wir können nicht alle Wände unsrer Zimmer mit Frühlingsblumen bedecken.«

»Dazu«, sagte der alte Graf, »sind die Wände unsres Hauses viel zu schade – denn alle Wände, die wir haben, sind ja eigentlich keine richtigen Wände. Das hat mir noch heute vormittag unser Architekt sehr umständlich klar gelegt; er sagte, daß unsre Wände durch plastisches Rankenwerk so überzogen seien, daß sie den durchbrochenen indischen Elfenbeinarbeiten ähnlich sähen. Und da nun alle unsre Wände ›durchbrochene‹ Arbeiten sind, so fehlt ihnen das Hauptmerkmal der Wand, die doch in erster Linie etwas Abschließendes sein soll.«

»Und da nun«, fuhr die alte Gräfin Adolfine fort, »so wundervolle Wände wie die unsrigen in ganz Berlin nicht noch einmal zu sehen sind, so können wir natürlich diese Wände, die eigentlich gar keine Wände sind, nicht durch Blumen voll machen – wir würden ja dadurch das Herrlichste, was wir haben, verdecken. An den Wänden dürfen also keine Blumen angebracht werden.«

»Ja«, meinte da die junge Gräfin Clarissa, »dann müssen wir aber wenigstens Blumen in große Vasen stellen.«

»Aber, Clarissa«, rief da der alte Vater in heller Verzweiflung, »da müßten wir doch erst Vasen mit durchbrochener Arbeit haben, die dem durchbrochenen Rankenwerk unsrer Wände entspricht. Solche Vasen kriegen wir aber doch nicht in acht Tagen. Du wünschest doch nicht, daß wir uns japanische Emailvasen anschaffen! Willst Du unsre ganze Einrichtung zerstören, nur um dem alten Münchhausen zu gefallen? Mit veritabler Stillosigkeit werden wir dem Baron nicht imponieren. Ich muß durchaus bitten, von Blumenschmuck abzusehen. Unsre Einrichtung ist denn doch so kostbar, daß es gradezu haarsträubend wäre, ihr durch bürgerliche Geschmacklosigkeiten...«

»Aber, Papa«, rief da die Clarissa heftig. »Du kannst doch nicht alle Blumen für bürgerliche Geschmacklosigkeiten erklären.«

»Liebe Clarissa«, sprach da der Papa milde, »in durchbrochenen Vasen lassen sich keine Blumen frisch erhalten, da man doch in durchbrochenen Vasen kein Wasser aufbewahren kann.«

Da lachten alle Drei.

Und die Diener, die im Hintergrunde dem lauten Gespräch zuhörten, lachten mit, obgleich sie kein Wort von dem Gesagten verstanden.

»Lieber Papa«, meinte schließlich die Clarissa, »Du gestattest aber doch, daß die Tischplatten bei uns *nicht* durchbrochen sind. Du gestattest ferner, daß unsre Teller und Gläser *nicht* durchbrochen sind. Warum bist Du da bei den Vasen so ganz andrer Meinung?«

Da wurde der alte Graf sehr ärgerlich und wollte sich zurückziehen. Und die Clarissa hatte die größte Mühe, den alten Herrn zu beruhigen, und versicherte ihm zuletzt feierlich, daß sie in den nächsten vierzehn Tagen nie mehr eine Silbe von Vasen und von Blumen reden werde.

An den nächsten Tagen wurden die Einladungen versandt. Die Einladungen hatten aber durchauch nicht den gewünschten Erfolg; die meisten schrieben einfach ab, mit der Erklärung, daß sie für solchen umständlichen tagelangen Faschingsscherz keine Zeit hätten.

Und es mußten neue Einladungen versandt werden, und diese neuen ließ der alte Graf drucken.

Auf den neuen Einladungen stand zum Schlusse:

»Der alte Baron wird von der letzten Weltausstellung in Melbourne erzählen.«

Da schrieben aber Alle abermals ab.

Und der alte Graf vom Rabenstein lief mit seiner Gemahlin in seinem Arbeitszimmer herum und lamentierte.

Die Clarissa aber, die das Lamentieren oben hinter dem Harmonium belauscht hatte, fing plötzlich an, ein großes Präludium von Händel zu spielen – und sprach dann von oben herab zu Papa und Mama – also:

»Verehrte Eltern! Ich werden an alle Berühmtheiten in Berlin schreiben – die werden ganz bestimmt unsrer Einladung Folge leisten. Ihr habt Euch ohne Frage nur an Spießbürger gewandt und ganz vergessen, was der alte Münchhausen von dem bellenden Stumpfsinn sagte, der heute überall herrscht. Beunruhigt Euch nicht: ich werde für alles sorgen. Heute ist Freitag. Übermorgen werden wir soviel Zusagen haben, daß wir zufrieden sein können.«

Und die Clarissa tat, wie sie gesagt hatte.

Und am Sonntag kamen die Zusagen in solcher Anzahl, daß der alte Graf und seine Gemahlin ganz vergnügt wurden.

Die junge Gräfin Clarissa ließ sich aber am Sonntag Vormittag von ihrer Marianne ihre Schlittschuhe bringen und ging mit ihrem Papa zum Wannsee, allwo sie auf Schlittschuhen so toll herumlief, daß sie fiel – und sich dabei die linke Hand verstauchte.

Doch durch die verstauchte Hand wurde die Fröhlichkeit der Clarissa nicht beeinträchtigt.

Der Montag

Am Montag, dem sechzehnten Januar, fiel sehr viel Schnee, und die vom Grafen vom Rabenstein geladenen Gäste kamen des Abends allesamt in Schlitten, sodaß die verschiedenen Glocken der Pferde immerzu durch die Abendluft klangen und auch auf der anderen Seite des nun ganz verschneiten Wannsees zu hören waren.

Es kamen über hundert Gäste an – und sie hatten fast Alle berühmte Namen; Erfinder und Dichter, Künstler und Gelehrte, Ärzte und Architekten, Politiker und andere Leute betraten die großartige Villa des Grafen vom Rabenstein. Und Alle bewunderten die großartige Villa, die auch äußerlich von durchbrochenem Rankenwerk aus edlen Steinen umgeben war, sodaß sie auch äußerlich wie eine indische Elfenbeinschnitzerei wirkte. Innerlich war in den dreißig großen Empfangsräumen auch alles mit durchbrochener Schnitzerei umrankt – aber in der Innenarchitektur gabs mehr Holz, Bronze und Metalle – und nur wenig Arbeiten aus Stein.

Die meisten Gäste kamen schon nach fünf und fanden in den kleineren Zimmern gedeckte Tische mit Delikatessen, Tee, Rum, Cognac und Limonaden.

Und berühmte Damen waren natürlich auch da.

Und im großen Galeriesaal, in dessen Seitenwänden große Bogen waren mit köstlich geschnitzten Säulen und Balustraden, sollte der alte Baron Münchhausen feierlich empfangen werden.

Und der alte Herr erschien Punkt sieben Uhr in seinem Automobilschlitten vor der großen Prunkpforte der Villa, wurde vom alten Grafen persönlich empfangen und sofort in den Galeriesaal geführt. Eine Vorstellung fand nicht statt; alle Anwesenden ließen dem Baron ihre Photographieen mit Widmungsinschriften überreichen. Die Gräfin Clarissa überreichte ihre Photographie eigenhändig, und der alte Baron sah, daß die Gräfin ihren linken Arm in schwarzer Binde trug, und erkundigte sich, was das zu bedeuten hätte.

Da sagte die Gräfin lachend:

»Herr Baron, ich habe mich über Ihre Ankunft so sehr gefreut, daß ich gestern beim Schlittschuhlaufen garnicht ans Gestern und nur ans Heute denken mußte. Und diese Verwechslung der Tempora brachte es mit sich, daß ich den Wannsee plötzlich für einen Divan hielt und mich darauf niederließ – wobei ich mir den Arm verstauchte. Verzeihen Sie, daß ich so lange rede, aber ich bin so furchtbar glücklich, und der Arm tut garnicht weh.«

»Das freut mich«, sagte der Baron, »entschuldigen Sie sich nicht Ihrer langen Rede wegen: ich werde noch länger reden.«

Und der Baron fing gleich an:

»Meine Damen und Herren«, rief er laut, »wir wollen uns gleich zwanglos hinsetzen, und ich werde Ihnen gleich von der Weltausstellung in Melbourne erzählen. Ich muß mich ein wenig beeilen, da ich heute Abend noch mal nach Potsdam muß.«

Nach diesen Worten schrieb der Baron emsig in seinem Notizbuch und sprach dann, während die Gesellschaft ganz lautlos dasaß und kaum zu atmen wagte, das Folgende:

»Als ich vor dreizehn Monaten aus der Südsee nach Melbourne kam, wollte ich dort natürlich sofort die neue Große Weltausstellung sehen. Da hörte ich denn zunächst, daß nur Wochenbillets ausgegeben würden. Und ich kaufte mir ein Billet für eine Woche und fuhr an einem Montag noch vor Sonnenaufgang zur Ausstellung, die gute sechs Meilen nordwestlich von Melbourne liegt. Eine Bahn fährt nicht zur Ausstellung, sämtliche Ausstellungsbesucher werden in alten, sehr bequemen Postkutschen hinbefördert, die den großen Postkutschen des achtzehnten Jahrhunderts nachgebildet sind. Die Fahrt dauert sechs Stunden, aber man fährt in diesen alten Fahrzeugen so recht gemütlich, die Postillione blasen öfters, man sitzt auf weichen Lederpolstern, raucht so seine

Morgencigarre in die Morgenluft hinein und blickt in die Landschaft hinaus, in der alles ländlich und friedlich aussieht, sodaß man ganz ruhig wird und sich so ganz aus allen Zeitverhältnissen herausgehoben fühlt. Und wenn man dann sein Ziel erreicht hat, so wird man empfangen – wie in einem Gasthofe des achtzehnten Jahrhunderts – von lauter bezopften Lakaien. Und danach fährt man im Fahrstuhl nach oben, wird in ein behagliches kleines Zimmer geführt und sieht einen kolossalen See in der Tiefe. Man setzt sich ans Fenster, bekommt ein gutes Frühstück, die Morgenzeitungen und die neuesten Bücher und Broschüren – und kann den See bewundern, den neun große Berge zusammen in Ellipsenform umlagern. Man hat garnicht die Empfindung, in einer Weltausstellung zu sein. Die Nerven fühlen sich so recht beruhigt. Man fühlt sich wie zu Hause und möchte garnicht wieder aufstehen. Und – meine Damen und Herren, das hat man da auch garnicht nötig, denn das Panorama, das man vom Fenster aus genießt, verändert sich allmählich: man sieht plötzlich riesige Fontänen aus dem See heraussteigen, dann sieht man, wie sich große Inseln nähern, sieht schwimmende Paläste und weite Parkanlagen und Wasserkünste und Terrassen und Türme und weite Alleen. Kurzum: die Zimmer des Hotel sind so eingerichtet, daß man in ihnen durch die ganze Ausstellung fahren kann. So recht was für bequeme Leute, die da gerne sagen ›Fahre zu Hause!‹ – Man fährt, ohne zu bemerken, daß man fährt. Und man sieht sich dabei alles in bequemster Situation vom Fenster aus an und ißt sein Frühstück dabei, liest auch ein bißchen, raucht und trinkt Limonade oder was Andres – ganz wie man will. Die Bedienung ist jeder Zeit zur Hand. Man kanns einfach nicht bequemer und angenehmer haben. Und langweilig ist es auch nicht, denn es kommt immer wieder was Neues, während man langsam um den ganzen großen See herumfährt. Und dann fährt man auch über den See weg und sieht die neun Berge fast von allen Seiten. Und nach dem großen Diner kommt man in die Mitte des Sees. Und da kann man sein Zimmer mal verlassen.«

Der Baron hielt aufatmend inne, steckte sich eine Cigarre an und bat die Anwesenden, doch auch zu rauchen – was denn auch die meisten taten.

Darauf fuhr der alte Münchhausen in seiner Erzählung fort:

»Wenn man diese Ausstellungsgeschichte erlebt«, sagte er leiser, »so wirkt sie ganz ruhig; wenn man sie aber erzählt, so strengt es doch sehr an, da die andauernde Bewegungskunst, die man zur

Mitempfindung bringen muß, nicht zur Ruhe kommen läßt. Wenn man in der Mitte des Sees sein Zimmer verlassen darf, so wird man nicht an einer Stelle gelassen, an der man in Ruhe bleiben kann. Dreißig Riesentürme umgeben da in drei Kreisen einen mittleren Kolossalturm, der hundertfünfzig Stockwerke besitzt, während die anderen Türme nur hundertzwanzig, achtzig und vierzig Stockwerke haben – entsprechend den drei Kreisen, von denen der äußerste der niedrigste ist. Nun denken Sie sich diese sämtlichen Stockwerke durch lange Brücken miteinander verbunden. Und dann müssen Sie sich im Innern dieser Stockwerke Salons denken, die wie Fahrstühle auf und ab und auch über die Brücken fahren. Dazu dreht sich jeder Turm ständig um sich selbst. Und in dieser Drehscheibenarchitektur können Sie nun in einem einzigen Zimmer überall herumfahren. Das nennt sich natürlich ›bewegliche Architektur‹. Und wenn Sie bei dieser immerhin langsam wirkenden Fahrt zum Fenster hinausblicken, während Sie auf einem bequemen Sessel sitzen oder auf einem Divan liegen, so sehen Sie draußen immerfort eine sich langsam verschiebende Architektur wie langsam sich bewegende Kaleidoskope. Wenn mans erzählt, kann man eine kleine Drehkrankheit bekommen. Wenn mans aber erlebt, wird man von dieser beweglichen Architektur immer neue köstliche Eindrücke empfangen – und stundenlang habe ich an meinem ersten Montag hinausgeblickt und immer wieder die neuen Brücken und Galerien, die Balkons und die neuen Konstruktionen bewundert. Eine unbeschreibliche Fülle von Linien- und Flächenkompositionen tut sich bei solchen Fahrten auf. Sie dürfen natürlich nicht annehmen, daß eine Brücke so aussieht wie die andre – jeder Turm ist ein apartes architektonisches Kunstwerk und – jede Brückenverbindung ebenfalls. Die Brücken sind natürlich fest und machen die rotierende Bewegung der Türme nicht mit. Stellen Sie sich das Alles nur einmal mit geschlossenen Augen vor.«

Alle schlossen die Augen, und der Baron goß sich ein Glas Wein währenddem ein und schmunzelte, als er sah, daß man seinem Trinken nicht zusah; er goß sich noch ein zweites und drittes Glas ein und bemerkte dabei, daß die Gräfin Clarissa die Augen geöffnet hatte; er trank ihr lächelnd zu, und sie nickte und drückte dann ihr Spitzentaschentuch gegen ihren Mund.

Die Clarissa zog danach schnell ein kleines Notizbuch aus ihrer Tasche und schrieb da hinein:

»Sehr sehr verehrter Herr Baron! Seien Sie doch bitte so freundlich und kommen Sie morgen schon am Vormittag zu uns. Sie glauben ja garnicht, wie erlösend Ihr Erscheinen in Europa wirkt. Es ist durchaus nötig, daß wir Verschiedenes noch näher besprechen. Bleiben Sie nicht zu lange in Potsdam. Überhaupt: ich bin eigentlich sehr eifersüchtig auf Potsdam. Ich will natürlich nicht fragen, was Sie da machen – aber – ich denke mir natürlich eine ganz tolle Potsdamer Geschichte zusammen.

In Eile und in Begeisterung C. v. R.«

Das Notizbuch mit diesen Zeilen überreichte die Gräfin dem Baron – er las, verbeugte sich und sagte leise:

»Es soll geschehen.«

Nach diesen Worten taten die Gäste des Grafen vom Rabenstein sämtlich wie dieser selbst wieder die Augen auf, und der Baron fuhr in seiner Erzählung folgendermaßen fort:

»Als ich gerade die Empfindung hatte, nicht mehr weiter die bewegliche Architektur verfolgen zu können, wurden wir hinausgerufen und standen danach gleich auf dem obersten Turmplateau in der Mitte der Ausstellung – sechshundert Meter über dem Seespiegel – und sahen, daß die Sonne bereits untergegangen war; ich hatte nach meiner Uhr volle fünf Stunden ohne Unterbrechung die bewegliche Architektur genossen. Der Rundblick war großartig; man sah die neun Berge ringsum wie neun große Ungeheuer daliegen. Die Berge waren, wie wir jetzt hörten, nicht viel höher als tausend Meter. Aber nun stieg auf jeder Bergspitze ein ungeheurer Fesselballon auf, und aus dem See stiegen ebenfalls ringsum neun große Fesselballons auf. Und als die achtzehn Ballons oben in großer Höhe schwebten, wurden sie von der untergehenden Sonne beleuchtet, daß sie oben wie große Weltbälle aussahen.

Und danach ward es dunkel.

Und dann schossen aus den Gondeln der Ballons mächtige bunte Scheinwerfer heraus und beleuchteten die Ballons, daß die ganz merkwürdig gefleckt aussahen – wie Schlangenhaut.

Und dann bewegten sich diese Schlangenhautballons, die immerfort anders gesprenkelt wurden, langsam weiter, sodaß sie unser Turmplateau umkreisten – wie riesige Planeten.

Zu diesem neuen Bewegungsspiele bemerkte ein alter Ausstellungsdirektor Folgendes:

›Meine Herrschaften‹, sagte er, ›wir wohnen doch bekanntlich auf einem Stern, der nicht einen Augenblick im Weltenraume stillsteht; wir fahren nicht nur mit der Sonne zusammen rasend rasch in einer großartigen Kurve weiter, wir drehen uns auch immerzu umeinander – die Erde um die Sonne, der Mond um die Erde und so weiter. Demnach müssen wir auch darauf bedacht sein, auf unsrer Erdoberfläche ein ähnliches Fahrten- und Drehungsspiel zu veranstalten. Es ist doch allzu einförmig, immerzu auf einem Punkte zu sitzen und dabei immerzu dieselbe Aussicht zu genießen. Wir müssen Bewegung in unsre Natur- und Kunstgenüsse hineinbringen. Und Sie werden sich wohl überzeugt haben, daß es auf unsrer Weltausstellung in Melbourne gelungen ist, Bewegung in unser ganzes Leben zu bringen. Sehen Sie sich doch die Vögel an: sitzen die immerzu auf denselben Zweigen? Nun ja, und – sind wir Menschen nicht viel mehr als die Vögel?‹

Während aber der Herr Direktor in dieser Weise weiter redete, sah ich plötzlich zum See hinunter und erblickte da lange leuchtende Streifen, die sich immer höher heraushoben. Was sich nun zwischen unserm Mittelturm und den neun Bergen entwickelte, läßt sich einfach garnicht mit ein paar Worten beschreiben: es entstanden in einer halben Stunde kolossale Wände, die vielfach durchbrochen waren und das Seegebiet in neun Riesenzimmer verwandelten. Nun – und diese Riesenwände teilten sich bald – wurden magisch von unten aus beleuchtet – es bildeten sich Dächer – Balkons, Terrassen – aus lauter fächerhaft dünnen Wänden – es entstand eine bewegliche Kulissenarchitektur, die aller Beschreibung spottet. Ich bin erschöpft, meine Damen und Herren, und muß eine Pause machen.«

Die Gäste des Grafen vom Rabenstein erhoben sich von ihren Plätzen und verbeugten sich dreimal feierlichst vor dem alten Baron. Und der Baron stand auch auf, verbeugte sich ebenfalls und sagte lachend:

»Der Herr Graf wird uns jetzt zunächst ein wenig erfrischen. Es ist doch nichts so anstrengend als das Genießen.«

Da kamen denn sofort die Diener mit allen möglichen Getränken, mit Kaviar und Appetitbrötchen.

Und alle sprachen in den nächsten Augenblicken so laut und heftig zueinander, daß der Graf vom Rabenstein ganz erschrocken den Baron fragte:

»Wollen Sie heute noch weiter sprechen?«

»Allerdings! Allerdings!« versetzte der Baron. Da rief die alte

Gräfin Adolfine vom Rabenstein:

»Meine Damen! Meine Herren! Trinken Sie um Himmelswillen so vorsichtig wie möglich. Der Herr Baron von Münchhausen will nachher noch weiter erzählen. Da müssen wir sehr vorsichtig sein, daß wir nachher auch dem alten Herrn folgen können.«

Diese Worten hatten natürlich nur die Nächststehenden gehört – aber sie wurden weitergegeben – und danach tranken alle ganz vorsichtig nur ganz wenig, um dem alten Münchhausen nachher auch noch ganz ordentlich folgen zu können.

Der Baron sprach dabei mit der alten Gräfin Adolfine vom Rabenstein.

»Wir können uns garnicht genug wundern«, sagte sie kopfschüttelnd, »daß Sie so jung aussehen. Man könnte Sie für achtzig Jahre alt halten. Aber daß Sie hundertundachtzig Jahre alt sind – nein!«

»Oh«, versetzte der Baron, während er ein ganz altes vergilbtes Papier hervorzog, »aus diesem meinem Taufschein können Sie ersehen, daß ich wirklich so alt bin, wie ich sage.«

Und die Gräfin nahm ihre Lorgnette und studierte den Taufschein.

Und währenddem erklärte die Gräfin Clarissa dem alten Baron, daß sie schon jahrelang an ihn gedacht habe – und daß sein Kugelritt über ihrem großen Spiegel der einzige bildliche Schmuck ihres Zimmers sei.

Der Baron lachte dazu und streichelte ihre linke weiße Hand mit seiner alten tausendfältigen braunen.

»Sind Ihre Kopfhaare«, frage die Clarissa dabei, »auch wirklich ganz echt?«

Da nahm der Baron der Gräfin Hand und legte sie sich auf den Kopf und sagte schmunzelnd:

»Meine weißen kurzen Haupthaare sind so echt wie meine weißen Schnurrbarthaare – und auch so echt wie meine buschigen Augenbrauen. Alle meine Haare sind eifrig beschnitten worden in den hundertundachtzig Jahren. Das können Sie sich wohl denken.«

»Das kann ich mir denken!« sagte die Clarissa, während sie ihre Hand vorsichtig aus des Barons Hand herauszog.

Hiernach bat der Baron abermals ums Wort und sprach also:

»Die Kulissenarchitektur auf dem Weltausstellungssee zu Melbourne war von unbeschreiblicher Großartigkeit, aber diese wurde, als die Sterne am Himmel erschienen, durch eine Lichtarchitektur, die sich oben über uns in der Luft langsam entwickelte, einfach übertrumpft. Es scheint überhaupt in der ganzen Welt notwendig zu sein, daß selbst das Großartigste immer noch übertrumpft wird. Warum das so ist, weiß ich nicht – doch ich finde es sehr nett, da wir auf diese Weise niemals an ein Ende gelangen – wir werden nie das Allergroßartigste erblicken – dazu ist die unendliche Welt allzu großartig. Doch entschuldigen Sie meine Abschweifung! Sie werden sich von der Lichtarchitektur eine kleine Vorstellung bilden können, wenn ich Ihnen erzähle, daß die achtzehn Fesselballons durch unzählige Drähte untereinander und mit dem Erdboden verbunden waren – und daß diese Drähte elektrische Lichter trugen – und zwar so viele, daß die Zahl der im Teleskop sichtbaren Sterne dagegen nicht allzu groß erscheint. Und wie unzählige bunte Sterne flammten nun oben die elektrischen Drahtlichter auf. Und das gab schließlich eine Sternenkrone——– die unbeschreiblich ist. So was kann man nicht schildern. Das ist überwältigend. Stellen Sie sich noch vor, daß immer wieder andre elektrische Flammen aufleuchteten, daß die Flammen immer wieder andre Farben bekamen, daß dazu noch die farbigen Scheinwerfer aus den Gondeln wie riesige Kometen hineinfuchtelten – und daß sich die riesigen Ballons auch mit kleinen bunten Flammen bedeckten, die wie Brillantengeflechte die großen Kugeln umgarnten – und daß sich diese ganze Sternenkrone in ständiger langsam rotierender Bewegung befand——– so haben Sie ein Nachthimmelsbild, das Ihnen für einige Zeit den Schlaf rauben dürfte.«

Münchhausen hielt erschöpft inne.

Und die Zuhörer und Zuhörerinnen wagten kaum zu atmen und bewegten sich nicht. Es war mäuschenstill.

Und der Baron fuhr wiederum fort:

»Dieses alles«, sagte er, »bildete nur den äußeren Rahmen der Ausstellung. Aber das Innere der Ausstellung war deshalb nicht minderwertig. Wir fuhren in kleinen halboffenen Wagen auf Drahtseilbahnen um den ganzen See herum und bekamen dadurch zunächst einen Begriff von der architektonischen Ausgestaltung der neun Berge. Da hatte man kolossale Terrassenbauten – ganz steile und ganz schräge – angelegt – solche mit beleuchteten Wasserwerken – und auch solche, die stellenweise nur mit Blumen und Bäumen bedeckt waren – andre wieder, die nur mit spiegelnden glänzenden Glasflächen und Glaskuppeln wirkten – und abermals andre, die nur einfach Steinarbeiten zeigten. Es waren auch Architekturen da, die ganz in der Bildhauerkunst aufgingen – und auch solche, die nur im Ornament sich auslebten. Und welche Ornamentik sah man da! Die Kaleidoskopornamentik übertrumpfte die symbolische, und die kecke Linienornamentik übertrumpfte die kaleidoskopische! Und in Schluchten sahen wir öfters hinein – in Schluchten, die einfach ins veritable Jenseits zu führen schienen.«

Hier bat der Baron den Grafen um eine Cigarre, und er steckte sie sich umständlich an, während alle Gäste die Augen schlossen, um sich eine Vorstellung zu bilden von dem, was der Baron soeben erzählt hatte.

»Ich hätte«, sagte er, »Ihnen eigentlich ein paar Schock Photographieen zeigen müssen. Sie hätten dann ohne Weiteres ein paar anschauliche Bilder von dieser großen Weltausstellung gehabt. Indessen – wie das so auf Reisen zu gehen pflegt – der Kasten, in dem ich meine Photographieen untergebracht hatte, ist verlorengegangen. Es ist sehr ärgerlich und traurig.«

Da riefen alle »Ach!« und »Oh!« und die Damen taten ganz untröstlich. Die Herren steckten sich aber währenddem sämtlich Cigarren an.

»Ich will Ihnen nun«, sagte Münchhausen, »heute nur noch so viel von meinem ersten Montag erzählen: um Mitternacht fuhren wir mit unsern kleinen Drahtseilwagen – auf Zahnraddrahtseilen zu den großen Fesselballons empor. Und oben fuhren wir um alle achtzehn Ballons herum – mit rasender Fixigkeit – durch die ganze Lichtarchitektur. Und diese Fahrt da oben in der Lichtarchitektur war die herrlichste Fahrt meines ganzen Lebens. Jetzt muß ich aber nach Potsdam fahren.«

Der Baron sprang plötzlich wie ein Jüngling auf, küßte der alten Gräfin und auch der jungen Gräfin die Hand und verbeugte sich vor den Anwesenden, die plötzlich stürmisch ausriefen:

»Lange lebe Münchhausen!«

Die Gräfin Clarissa überreichte darauf dem alten Herrn eine kostbare Orchidee.

Und danach verließ der Baron mit dem Grafen die Gesellschaft und setzte sich in seinen Automobilschlitten.

Und dann fuhr er nach Potsdam.

Der Mond schien ganz hell.

Und der Schnee knirschte unter den Schienen des Schlittens; es war kalt auf der Erde. Aber die Schneeflocken, die jetzt fielen, funkelten nun auch wie unzählige Brillanten.

Und der alte Baron sah die funkelnden Schneeflocken, die durch das helle Licht seiner elektrischen Schlittenlampen zum Funkeln kamen, und er dachte an die Sternkronenfahrt, von der er soeben erzählt hatte.

Der Dienstag

Selbstverständlich war der Baron Münchhausen am Dienstag um zwölf Uhr mittags in der Rabensteinschen Villa.

Und der Baron überreichte der Gräfin Clarissa eine Photographie, auf der die Orchidee abgebildet war, die der Baron am vergangenen Abend erhalten hatte.

»Sie ersehen daraus«, sagte er lächelnd, »wie vorzüglich mein Schlittenführer wertvolle Blumen transportieren kann. Die Photographie ist heute vor zwei Stunden hergestellt; die Orchidee ist tadellos erhalten.«

Hiernach sprach man gleich über die durchbrochenen Rankenwände der Rabensteinschen Villa.

Die alte Gräfin Adolfine vom Rabenstein sagte dabei sehr heftig:

»Sie glauben garnicht, Herr Baron, welche Stellung die Berliner Architekten heutzutage innehaben; früher konnte doch der Bauherr noch etwas mitreden – so was aber gibt es heute garnicht mehr. Wir haben nur das Recht und die Pflicht, alles zu bezahlen; der Architekt befiehlt nur – und der Bauherr hat zu gehorchen. Wir haben uns nicht einen einzigen Stuhl ohne Erlaubnis des Architekten anschaffen dürfen. Es fehlt nur noch, daß er uns auch die Kleider kauft. Es ist himmelschreiend.«

»Ja«, versetzte da Münchhausen, »die Gräfin Clarissa erzählte mir von einem Bilde in ihrem Zimmer – auf dem Bilde soll ich auf einer Kugel reitend dargestellt sein – mit Zopf, hohen Stiebeln und Sporen. Hat denn Ihr Architekt erlaubt, das Bild anzubringen?«

»Acht Wochen«, rief da die Clarissa, »habe ich für Ihr Bild, Herr Baron, gekämpft – wie eine Löwin, die ihr Jüngstes verteidigt.«

»Meine Gnädige«, erwiderte der Baron lachend, »wenn ich mich so als Ihr Jüngstes fühle – so geht mir alles im Kreise herum. Aber – der Herr Architekt hat schließlich das Bild eigenhändig eingerahmt, nicht wahr?«

»Allerdings!« sagte die Clarissa, »aber es mußte zusammen mit meinem großen Spiegel in einen Rahmen – über dem Spiegel reiten Sie jetzt.«

Die alte Gräfin aber meinte dazu finster:

»Wir leben in einer Tyrannenepoche – und die Architekten sind heute die größten Tyrannen.«

»Aber Adolfine«, sprach da der Graf langsam, »diese Tyrannen sind nicht die schlimmsten; ich stehe ganz auf Ihrer Seite und lasse mir solche Tyrannei gerne gefallen.«

»Das ist auch noch garnicht so schlimm«, bemerkte dazu der Baron, »Sie sollten nur erst die Architekten in Melbourne kennenlernen; die sind noch viel anspruchsvoller. In Melbourne will der Architekt nicht nur der Gebieter in der Außen- und Innenarchitektur sein; er will auch gleich die ganze Lebensführung der Bauherrschaft beeinflussen; er zwingt den Hausbesitzern gleich besondere künstlerische Stimmungen und besondere künstlerische und auch literarische Beschäftigungen auf. So was sollten Sie nur erst erleben; Sie würden Augen machen. Heute Abend will ich Ihnen Näheres mitteilen.«

Während man noch so sprach, sah sich der Baron plötzlich seinen Stuhl, auf dem er saß, näher an – und sprang dann auf.

»Was tut Ihnen mein Stuhl?« fragte der alte Graf teilnehmend.

Münchhausen drehte den Stuhl nach allen Seiten und besah ihn ganz genau, lief dann zu den Wänden und besah sie auch ganz genau, steckte sich eine Cigarre an, paffte wie ein alter Eskimo und redete dann also:

»Man sollte es doch nicht glauben, was man alles hier im alten Europa entdecken kann. Jedenfalls ist das, was ich jetzt sehe, eine Geschichte, die mir imponiert. Ihr Rankenwerk, Herr Graf, besteht ja nicht nur aus phantastischen Schlinggewächsen; da sind ja auch Köpfe dazwischen. Und es sind da auch Menschenköpfe – nicht nur Tierköpfe. Schlangenartige Leiber mit krebsscherenartigen Gliedmaßen! Ist dieses durchbrochene Rankenwerk von Ihrem Architekten gezeichnet?«

Der Graf bejahte dies.

Und der Baron fuhr zu fragen fort:

»Ist dieser Bildhauer und Architekt in Deutschland geboren worden?«

Der Graf bejahte das ebenfalls, und da sagte der alte Baron:

»Es besteht ein inniger Zusammenhang zwischen diesen Arbeiten und den besten Arbeiten, die ich in der Weltausstellung zu Melbourne gesehen habe. Sowohl hier wie dort geht man von den auf der Erdrinde bekannten Organformen ab und sucht durch Weiterbildung und Umformung der bekannten tierischen und menschlichen Gliedmaßen neue Wesen zu erzeugen, die in willkürlicher – scheinbar willkürlicher – Art alle möglichen Formengebilde vereinigen. Diese freien Tier- und Schlangengestalten passen sich natürlich allen kunstgewerblichen und architektonischen Gegenständen ganz bequem und einfach an, da man ja jedes Glied so ausrenken kann, wie mans grade haben möchte. So nur ist es möglich gewesen, die Plastik organisch mit der Architektur zu verschmelzen. Und eine derartige Verschmelzung fand ich auch in Melbourne. Und daß ich dieselbe Verschmelzung auch hier vorfinde, zeigt mir, daß Ihr Architekt in einem innerlichen Zusammenhange mit den Architekten Melbournes stehen muß. Da müssen gegenseitige telepathische Beeinflussungen stattgefunden haben. Und man erkennt daraus wieder, daß dieselben oder die ähnlichen Gedanken an verschiedenen Punkten der Erdrinde zu gleicher Zeit auftreten können, ohne daß eine direkte Beeinflussung stattfindet. Das ist wieder ein Zeichen dafür, daß die Menschheit zusammen eigentlich einen großen einheitlichen Organismus darstellt, dessen Studium den Gelehrten unsrer Zeit nicht angelegentlich genug empfohlen werden kann. Das ist sehr interessant, Herr Graf, daß Sie eine so köstlich innen und außen von plastischem Rankenwerk überzogene Villa besitzen – und daß ich grade zuerst zu Ihnen kommen mußte.«

»Wie kommt es nur«, fragte da die Clarissa, »daß Sie grade zu uns zuerst kamen?«

»Oh«, erwiderte der Baron, »ich weiß ganz genau, daß meine Verwandten in der Mitte des achtzehnten Jahrhunderts vielfach mit den Rabensteins verkehrten und auch mit ihnen verschwägert waren.«

»Dieses«, bemerkte hierzu die alte Gräfin Adolfine, »kann ich Ihnen sogar aus einer alten Familienchronik und aus verschiedenen Briefen des achtzehnten Jahrhunderts, die noch in meinem Besitz sind, ganz leicht beweisen.«

»Sehr interessant!« rief Münchhausen.

Und danach studierte man die alte Chronik und die alten Briefe, und beim Diner sprach man nur von diesen Dingen, was die Clarissa etwas langweilig fand.

Als aber nach fünf Uhr die ersten Gäste anlangten, ließ man die Familiengeschichten fallen.

Und nach sieben Uhr, als die Gesellschaft wieder wie am Tage vorher versammelt war, erzählte der Baron das Weitere von Melbourne.

»Es wurde mir gestern«, sagte er, »schließlich etwas sauer, so ausschließlich vom Äußeren der Ausstellung zu erzählen. Heute will ich besonders von der Innenarchitektur berichten. Obgleich man nicht mit Unrecht auch die Innenarchitektur zuweilen nur als etwas Äußerliches hinnimmt, so muß ich doch bitten, nicht ungeduldig zu werden. Ich werde mir Mühe geben, Sie immer weiter ins Innere des Inneren zu führen. Aber das geht nur allmählich. Ich habe zunächst ein paar Worte über die Stellung, die die Technik der Kunst gegenüber einnimmt, voranzuschicken. Hier in Europa empfand man die Technik am Ende des neunzehnten und am Anfange des zwanzigsten Jahrhunderts, wie ich gehört habe, als kunst*feindlich*; in Europa hat man, wie ich hörte, seit den Jahren 1895-1905 einen fatalen Niedergang in der Kunst verspürt – und diesen vornehmlich durch den gleichzeitigen Aufschwung der sogenannten ›Technik‹ motivieren wollen. Eine derartige Schädigung der Kunst von Seiten der Technik ist natürlich nur als ein vorübergehendes Phänomen aufzufassen; es wäre ganz unnatürlich, wenn so was dauerhaft würde. Sobald die nützlichen Erfindungen sich ein wenig abgenützt haben, muß der Erfinder naturgemäß daran denken, seine Erfindungen dem künstlerischen Geschmacke seiner Zeit anzupassen – und sobald er anfängt, *daran* zu denken, wird alles, was er tut, selbstverständlich kunst*freundlich* werden, und alles Kunstfeindliche wird im Hintergrund verschwinden wie eine Nebelwolke. In Australien ist man schon ein beträchtliches Stück weiter als in Europa, und somit ist auch dort der Techniker bereits im Dienste der Kunst tätig und durchaus kunstfreundlich. Daß man in Australien bereits ein gutes Stück weiter in der Kultur ist – das ist ja sehr erklärlich, da man dort nicht genötigt ist, einen allzu kostspieligen Militarismus zu überwinden wie in Europa. Sie werden sich daher, meine Damen und Herren, nicht sehr wundern, wenn ich Ihnen erzähle, daß auf der australischen Weltausstellung mehrfach das Motto zu lesen ist: ›Kunst und Kultur sei Eines nur‹. Ja, ja! So ändern sich die Zeiten – und so ändern sich die Erdteile. Es ist noch nicht lange her, da glaubte man in Europa, daß das liebe Europa immer an der Spitze der Kultur marschieren würde. Aber da kam der alte Bonaparte mit seinem Militarismus, und die kulturelle Bedeutung Europas fing an zu schmelzen – Amerika wurde währenddem immer größer, Ostasien auch – und ganz im

Geheimen auch Australien.«

»Wie ist es nur möglich, Herr Baron«, rief da die Gräfin Clarissa, »daß man in Europa bis heute kein Sterbenswörtchen von der enormen Geisteskultur der Australier erfahren hat?«

»Aber, meine Gnädige«, versetzte der Baron, »es ist sehr weit von hier bis Melbourne! Und dann – die Rivalität! In Europa hat man eben Furcht vor der australischen Konkurrenz. Die Zeitungen dürfen von Australien nicht sprechen – man befürchtet eben Revolutionen. Wenn Sie eine Ahnung hätten, wie man in manchen europäischen Gesellschaftskreisen vor der nächsten Zukunft sich fürchtet! Und – mit Recht! Erfährt man hier erst Näheres über Australien, so will man auch australische Zustände haben.«

»Ah«, rief da hellachend die Clarissa, »und Sie, Herr Baron, empfinden es als Ihre Mission, Europa über Australien aufzuklären? Wie ich mich darüber freue! Ich könnte mich totlachen vor Vergnügen. Europa wird umgekrempelt vom alten Münchhausen.«

Die ganze Abendgesellschaft lachte jetzt, und die Diener reichten während des Gelächters Kaviar mit warmem Rostbrot und Pilsener Bier herum; man saß an kleinen, nicht gedeckten Tischen.

Und wenn der Baron nicht grade sprach, so sprachen die Andern, sodaß sich das, was der Baron im Folgenden sagte, nicht mehr wie ein Vortrag ausnahm; alles wurde durch lebhaftes Fragen und Antworten zum bewegten Dialog.

Verschiedene Damen wollten nun zunächst Näheres über die australischen Erfindungen hören.

»Wie wird«, fragte die eine Dame, »in Australien die Reinigung der Zimmer arrangiert?«

»Natürlich nicht durch Dienstboten«, versetzte der Baron, »die Möbel werden mechanisch hochgehoben und ebenso der stoffliche Fußbelag, wenn einer da ist. Dieser Fußbelag wird durch mechanisch tätige Saugschläuche von unten aus vom Staube befreit und danach wird der Fußboden durch mechanisch tätige Schrubber gereinigt. Danach sinkt der Fußbelag wieder auf den Fußboden, wird durch mechanisch tätige nasse Bürsten abgerieben, und die Möbel sinken auch wieder auf den Fußboden; die Möbel können natürlich auch vorher durch mechanisch tätige Bürsten und Staubwedel vom Staube gereinigt werden. Derartige Bürstenmaschinerien sind natürlich in jeder einfachen Arbeiterwohnung zu finden. Ohne Bürsteinrichtung mietet in Australien kein Mensch eine Wohnung. Und die Maschinen, die in der Küche verlangt werden, sind auch recht zahlreich: da verlangt jede Hausfrau eine Kartoffelschälmaschine, eine Pilz- und Gemüsereinigungsmaschine, mechanische tätige Koch- und Bratapparate, Spülapparate – ich glaube sogar mechanisch tätige Salzstreubüchsen gibt es da auch. Kurzum: die Köchin ist in Australien eigentlich eine überwundene Sache. Und die Diener sind beinahe auch überflüssig, denn durch kleine Fahrstühle werden die Speisen aus der Küche ins Speisezimmer hinübergeführt. Der Techniker hat eben in Australien für alle Bequemlichkeitseinrichtungen bereits derartig gesorgt, daß er sich jetzt nur noch mit der künstlerischen Ausgestaltung dieser Bequemlichkeitseinrichtungen befassen kann.«

Der Baron wurde danach von den Damen nach allen möglichen technischen Kleinigkeiten gefragt und gab auf alles in geduldiger Artigkeit seine Antworten, schließlich aber sagte er laut:

»Wir können uns aber nicht so lange mit dem Vorwort aufhalten; ich wollte heute von der Innenarchitektur oder der sogenannten Innendekoration sprechen – und damit illustrieren, wie lebhaft sich der Techniker in Australien mit allen künstlerischen Dingen beschäftigt. Wir fuhren damals am Dienstag in wundervollen Häusern umher, deren Innendekoration zum Teil dem, was wir hier in der Rabensteinschen Villa sehen, nicht ganz unähnlich war. Das Durchbrochene – das, was uns immer wieder an die feinsten indischen Elfenbeinarbeiten erinnert – bildete auch in Melbourne ein Hauptelement. Auch dort lehnt man die usuelle gegenständliche Malerei als Zimmerschmuck einfach ab. Aber noch feiner als das Rankenwerk, das wir hier in den Wänden und Decken der Zimmer sehen, wirkte ein kristallinisches Rankenwerk, in dem die variablen Beleuchtungseffekte sehr starke Momente erzeugten. Die Techniker haben sich natürlich mit den Wänden sehr eingehend beschäftigt und uns ganz neuartige Tapetenspäße geliefert – allerdings nicht auf Papier, da man das Papier in Melbourne nicht so schätzt wie in Japan und Europa. Die neuen Tapeten befinden sich auf Metallwänden – und die Muster sind auch immerzu variabel, verändern sich unaufhörlich – durch Säuren und Dämpfe, die vom Innern der Wände aus auf die Metallplatten wirken. Da entstehen ganz fabelhafte Formen- und Farbenmuster, die zuweilen durch darübergehende Glasranken mit Geißlerschen Röhren – gehoben werden. Auch Wände, die wie eine Handharmonika vertieft und zusammengezogen werden können, habe ich gesehen. Und –

was man aus weichen Stoffen, die wie Sammet und Seide wirken, machen kann, das haben die australischen Techniker, während sie mit den Architekten zusammenwirkten, wohl gemacht. Ich sagte heute Vormittag schon, daß die australischen Architekten nicht nur die gesamte Innendekoration bestimmen – sie bestimmen auch das ganze Leben der Hausbewohner, die durch die Beweglichkeit der Architektur immerfort neue Aussichten bekommen und durch die Beweglichkeit der Wände immerfort neue Eindrücke empfangen, die zweifellos auch aus ganz stupiden Leuten schließlich bewegliche sensible Künstlernaturen machen. So wird die scheinbar nur äußerliche Baukunst und das für noch äußerlicher verschrieene Kunstgewerbe allmählich zu einem künstlerischen Erziehungsmittel, das auch die feinsten, intimsten und innerlichsten Empfindungssphären heraufbeschwört.«

Die Clarissa schenkte dem Baron einen Cognac ein, und als er trank, sprachen plötzlich alle Anwesenden so lebhaft durcheinander, daß der Baron in der nächsten Viertelstunde nicht mehr zu hören war.

Wenn der Baron aber im Reden war, so hielt es schwer, seinen Redefluß aufzuhalten, und so sprach er denn zu Fräulein Clarissa allein.

»Meine Gnädigste«, sagte er lachend, »können Sie sich eine australische Küche vorstellen? Die sieht aus wie ein kleiner Maschinensaal. Und – können Sie sich die feinen Dachkonstruktionen der australischen Baumeister vorstellen? Die sind viel profilreicher als alle menschlichen Gesichter zusammen. Sehen Sie, die Menschen haben immer nur zwei Profile im Gesicht – eine Dachkonstruktion hat aber unzählige Profile – weil ja eben eine Dachkonstruktion der Kopf eines Bauwerkes ist – während der menschliche Schädel doch nur die Dachkonstruktion eines einfachen Lebenwesens darstellt.«

»Aber, Herr Baron«, sagte da die Clarissa, »unterschätzen Sie nicht das Lebewesen, das wir ›Mensch‹ zu nennen belieben? In dem ist doch so viel Innerliches, während das Bauwerk doch nicht so beweglich ist.«

»Oho!« rief da der Baron und wurde ganz dunkelrot, »Sie vergessen, daß sich das Bauwerk der Australier in ständiger Bewegung befindet. Und – der Witz der Techniker tut immer mehr, um das Innere lebendiger zu gestalten: der Techniker bemühte sich hauptsächlich auch, leicht zu bearbeitende Kunstmaterialien für die Plastik zu schaffen. Und durch diese Plastik, die im Innern der Häuser alle denkbaren Materialien einfach und verschmolzen verwendet, wird das Hausinnere viel interessanter als das Mencheninnere.«

»Auch interessanter«, fragte die Clarissa, »als das menschliche Gehirn – kann das australische Haus auch selber neue Gedanken erzeugen?«

»Jawohl«, sagte der Baron, »in Ihrem Kopfe und in meinem Kopfe und in den Köpfen derer, die in den australischen Häusern wohnen.«

»Wenn«, sagte da die Clarissa leise, »es mir gestattet ist, das, was Sie soeben sagten, für einen feinen lustigen Scherz zu halten, so muß ich sagen, daß ich solche Scherze jeden Tag von Ihnen hören möchte – ja, daß mir ein Leben, in dem ich nicht immerzu solche Scherze von Ihnen hören könnte, sehr langweilig, fast unerträglich vorkommen wird. Ich weiß das ganz genau, bestreiten Sie das nicht! Ich kann selber nicht solche Scherze erfinden – wenigstens heute noch nicht. Nur ein Scherz fällt mir ein: wenn sich die australische Innenarchitektur bemüht, immer innerlicher zu werden – und in ihrem Innern wie in ihrem Äußern fabelhafte Schlangen-, Fisch- und Mastodonwesen mit Krebs-, Spinnen- und Tintenfischbeinen aufleben läßt – so müßten ihre großen Architekten doch auch darauf verfallen, das Innere dieser Fabelwesen hinzustellen – ich meine: die Architekten müßten auch aus fabelhaften Knochen und Gräten Häuser zusammenbauen.«

»Sie meinen«, sagte der Baron, »eine Skelettarchitektur! Die hab ich aber in Melbourne auf der Weltausstellung noch nicht entdeckt. Ihr Einfall ist famos. Und ich möchte nach diesem Scherze fast behaupten, daß Sie meine Scherze garnicht so nötig haben, wie Sie denken. Vielleicht könnte mir mal so sein, als müßte ich täglich *Ihre* Scherze hören, meine Gnädigste.«

Da lachte die Gräfin Clarissa und bestellte Champagner – und dann tranken die beiden Champagner und rauchten kleine, sehr starke Cigarren aus Melbourne dazu.

Und es war schon nach elf Uhr, als dem Baron plötzlich einfiel, daß er ja die Hauptsache noch garnicht erzählt hatte.

»Meine Damen und Herren!« rief er daher plötzlich, und es wurde gleich ganz still, »fast hätte ich vergessen, Ihnen von den australischen Schwarzkünstlern zu erzählen. Das sollte ja die Hauptsache am heutigen Abend sein. Es ist nur leider immer wieder nötig, soviel Nebensächliches zu erzählen, da Ihnen der höhere

Kulturzustand Australiens nicht geläufig ist. So muß ich Ihnen zunächst etwas über den sehr einfachen Palast der Schwarzkünstler mitteilen – in diesem Palaste sind die Fenster und Türen anders verteilt als in andern Häusern. Selbstverständlich sind in keinem einzigen Hause Australiens heutzutage die Fenster so verteilt wie in Berliner Stadthäusern – man stellt eben nicht mehr die Fenster wie gleichgekleidete Soldaten nebeneinander; – in dem Palaste der Schwarzkünstler gibt es hauptsächlich bauchig vortretende Fenster, und die lassen das Licht in ganz andrer Weise ins Haus. Geöffnet werden diese Fenster sehr selten, die Luftzufuhr findet auf andern Wegen statt. Und das Arrangement der Fenster im Schwarzkünstlerpalast ist so, daß das ganze Haus so aussieht, als wärs mit unglaublichen glotzenden Augen besät. Und wissen Sie, was die Schwarzkünstler in ihrem Palaste vorführen? Ja – die wollen durch ganz besondre Gerüche und Luftkompositionen die Stimmung des Menschen so beeinflussen, daß ihm ganz neue Empfindungssphären eröffnet werden. Einzelne dieser Schwarzkünstler experimentieren in einer ganz tollen Art: sie wollen ganz stupiden Leuten plötzlich eine weltgestaltende Phantasiekraft einimpfen – durch chemische Parfüms. Sie würden staunen über die Resultate, die diese Herren bereits erzielt haben; ich selber ließ mich als Versuchskaninchen gebrauchen und gestehe Ihnen, daß ich für ein paar Minuten in einer Geistesverfasssung war, die mir selber ganz unbegreiflich erschien; ich sah plötzlich unirdische Wesen in einer Säulenlandschaft mit langgestreckten Kometen – und sah die ganze mir unbekannte Gegend bald im tollsten Aufruhr, bemerkte, wie aus den Säulen froschähnliche Geister herausquollen und mit den Kometen zu schäkern anfingen. Nun – kurz und gut: es war ja vielleicht sehr tolles Zeug, was ich da plötzlich vor mir sah. Aber ich kann mir doch nicht verhehlen, daß die chemischen Parfüms auf besser begabte Leute ohne Weiteres eine Gestalten bildende Kraft übertragen dürften. Verwechseln Sie die Geschichte nicht mit Opium und Haschisch. Ich habe die neue Empfindungssphäre nur für ein paar Minuten genossen. Es handelt sich aber bei diesen Experimenten um eine Steigerung der geistigen Kräfte des Menschen – und diese Steigerung kann natürlich nur Hand in Hand mit einer sehr komplizierten Diät gehen. Und die Geschichte verlangt eine längere Zeit. Sie sehen aber ohne Weiteres, wohin die Techniker und Chemiker in Australien gelangt sind: sie wollen einfach im schaffenden Künstler durch äußere Einwirkungen ganz neue Kräfte entwickeln. Sie wissen ja, daß man im Orient vor zweitausend Jahren die Wohlgerüche in Tempeln zur Erzeugung religiöser Stimmungen verwandte – nun will man die Geruchsgeschichten zur Erzeugung künstlerischer Stimmungen verwenden. Das Verfahren ist ganz konsequent – und da den Schwarzkünstlern viele Ärzte zur Seite stehen, so ist ein größeres Resultat zweifellos in Bälde zu erwarten. Ich konnte die Geschichte natürlich nicht abwarten, da ich ja nach Europa wollte. Sie sehen, wie Ärzte, Naturwissenschaftler und Techniker da unten an der Erdrinde zusammenwirken – nur um die Großartigkeit des künstlerischen Lebens noch großartiger zu machen.«

Da klatschten plötzlich alle Zuhörer und Zuhörerinnen mit den Händen zusammen und ein donnerndes ›Bravo‹ schallte durch die künstlich durchbrochenen Räume der Rabensteinschen Villa. Und die Diener rannten alle erschrocken herbei und wunderten sich sehr.

Der Baron aber fuhr fort:

»Auch ein kleines Wundertheater haben sich die Herren Schwarzkünstler erbaut. Das sollten Sie sehen. Da werden andre Stücke aufgeführt als in Europa. Da können Sie die abenteuerlichsten Gestalten mitten in imposanten Weltallswolken erblicken, und Sie können da beobachten, wie sich diese abenteuerlichsten Gestalten jenseits von Luft und Äther in anderen Weltregionen mit anderen Dingen unterhalten. So ohne Weiteres werden Sie den Vorgängen auf der kosmischen Schwarzkünstlerbühne nicht zu folgen vermögen, aber Sie werden durch die Direktoren ein bißchen informiert und lernen was vom Jenseits kennen – und diese Kenntnis tut gemeinhin sehr wohl, da sie uns mindestens die irdische Quarksphäre in einem anderen Lichte erscheinen läßt – in einem besseren. Denken Sie über diese meine Worte zu Hause mehr nach. Ich will nur noch erzählen, daß mir die Schwarzkünstler auch einen Einblick in das Innere eines Wassersterns gestatteten – und da sah ich so viele neue Tiere und Lebewesen – Quallenartiges und Korallenartiges, daß ich schließlich nicht mehr wußte, ob ich in Melbourne oder hinterm Sirius war. Vortrefflich brachten die Schwarzkünstler das Innere von Nebelflecken zur Vorstellung und auch die rotierenden Kugelsterne, die unsre Sonne umkreisen, kamen mir so klar zum Bewußtsein, daß ichs nie vergessen werde. Man denkt ja manchmal, man könnte sich ganz leicht vorstellen, wie die Erde mit dem Monde zusammen im Weltall herumkreist. Aber sieht man die Geschichte erst mal in großen kosmischen Dimensionen vor sich – so wie sie ein tausend Meilen langer Riese sehen würde – so merkt man erst, auf welchem seltsamen Sterne man sein sogenanntes Leben lebt. Und hat man sich allmählich an die großen Kugelsterne gewöhnt, so führen die Schwarzkünstler anders geformte Sterne vor – und schließlich ganz große Milchstraßensysteme. Nur ein derartiges Anschauungsmaterial kann wirklich kosmische Empfindungen in uns auslösen und uns dem großen mächtigen Weltleben näherbringen; die sogenannten Worte und einfachen Zeichnungen und stilliegende Malereien vermögen das nicht.«

Der Baron bat danach Fräulein Clarissa um einen Cognac, bekam ihn, trank ihn auf das Wohl der Familien Rabenstein und wollte sich eiligst wieder entfernen.

Da fragte aber die alte Gräfin Adolfine:

»Herr Baron, müssen Sie wirklich wieder nach Potsdam? Was machen Sie denn da?«

Da antwortete der Baron:

»Ja, ich muß heute noch einmal nach Potsdam; ich will da mit einigen Herren die soziale Frage lösen.«

Alles lachte.

Aber der Baron sagte bedächtig:

»Lachen Sie nicht so heftig; Sie wissen ja garnicht, wie großartig die australischen Schwarzkünstler sind. Sehen Sie: die Herren bringen sogar veritable Geister zur Erscheinung – jenseitige Lebewesen, die durcheinander durchgehen wie Kometenschweife durch Planeten. Glauben Sie, daß diese Herren Schwarzkünstler nicht einmal die soziale Frage lösen könnten? Wissen Sie denn, was ich von den Herren in Melbourne gelernt habe? Können Sie sich denn nicht vorstellen, daß ich in Potsdam ganz besondre Pläne einzelnen Herren unterbreiten könnte – Pläne, die uns einer glänzenden Lösung der sozialen Frage sehr nahe bringen? Allerdings habe ich bisher nur einen Witz gemacht: ich habe vorgeschlagen, kolossale Preisausschreiben für Künstler, Dichter und Gelehrte zu arrangieren – mit vielen und großen Preisen. Wenn ich das durchgesetzt habe, sind wir der Lösung aller sozialen Fragen sehr viel näher gekommen.«

Alles lachte.

Münchhausen empfahl sich.

Und zwei Minuten später fuhr sein Automobilschlitten eilig durch die Schneelandschaft nach Potsdam.

Der Mittwoch

Am Mittwoch kam der Baron Münchhausen erst um acht Uhr abends in die Rabensteinsche Villa, entschuldigte sich garnicht, tat sehr eilig und bestieg im großen Saale eine Galerie, die an einer Ecke weit vorragte und beinahe den Eindruck einer Kirchenkanzel machen konnte.

Auf dieser Kanzel hob der Baron hoch beide Arme empor und rief mit mächtig dröhnender Stimme:

»Mit dem menschlichen Leben ist im Großen und Ganzen nicht viel anzufangen; der Mensch hat nur einen einzigen Kopf und nur einen einzigen Rumpf und nur zwei Arme und nur zwei Beine. Ein derartiges, ziemlich unbeholfenes Lebewesen, das nicht einmal fliegen kann, ist natürlich nicht in der Lage, den großen Bildhauern Melbournes als Modell zu dienen. Die Bildhauer Melbournes lachen, wenn man ihnen von der europäischen Skulptur erzählt. Man will in Melbourne Gestalten schaffen, die ein Leben führen können, das größer und weltumfassender ist als das menschliche. Die anderen Gestalten werden daher mit Organen ausgestattet, die komplizierter sind als die menschlichen. Sie werden natürlich, meine sehr verehrten Herrschaften, gerne behaupten wollen, daß die menschlichen Organe doch eigentlich schon kompliziert genug sind – und daß es vielleicht ein etwas frevelhaftes Beginnen sein könnte, die menschlichen Organismen durch andere Organismen übertrumpfen zu wollen. Der Mensch weiß von der Großen Welt nur durch Vermittlung seiner Augen und Ohren etwas scheinbar Gegenständliches – die Geruchs-, Geschmacks- und Tastsinne gewähren dem Menschen nur noch wenige bestimmte Gegenständlichkeitsempfindungen. Und in diesen Sinneneindruckskreisen bewegt sich unser ganzes Leben, das dem von der Erkenntnistheorie nicht berührten Menschen so kompakt und fest erscheint. Der von der Erkenntnistheorie nicht berührte Mensch kann natürlich auch fürderhin seine naive Feude haben an dem, was ihm seine sogenannten fünf Sinne direkt vermitteln, für den Menschen aber, der da weiß, daß seine sogenannten fünf Sinne doch nur einen ganz kleinen Teil der Weltengroßartigkeit enthüllen, für den Menschen wird der Mensch als Darstellungsobjekt der Plastik ebenfalls nur einen verschwindend kleinen Faktor darstellen – und er wird wie die Bildhauer Melbournes über die Menschendarstellung hinauskommen wollen – er wird ganz anders als menschlich geartete Wesen sehen wollen. Und diesem Wollen kommt die Plastik Melbournes entgegen. Selbstverständlich unterschätzt man die Bedeutung des menschlichen Auges in Melbourne durchaus nicht – im Gegenteil; man will grade die anders gearteten Lebewesen andrer Welten dem menschlichen Auge näher bringen, sie auch für das menschliche Auge faßbar machen – denn sonst verlöre ja die Plastik allen Grund und Boden – der Plastik ist nur mit greifbaren sichtbaren Organen und Gliedern gedient – nicht aber mit unbestimmten Visionen und Empfindungsdelikatessen. Und ich will Ihnen gleich eine Melbourne-Skulptur schildern, um Ihnen zu zeigen, daß die Bildhauer in Australien doch weiter gekommen sind als die in Europa.«

Hiernach machten verschiedene der Zuhörer mit hochrotem Kopfe sehr eifrig Notizen in ihre Notizbücher, der Baron sah das, lächelte und machte eine kleine Pause, fuhr dann aber sehr lebhaft fort – wie folgt:

»Die Bildhauer Melbournes hatten anfänglich nur das Bestreben, an Stelle der menschlichen Beine andre Gliedmaßen zu setzen. Sie kennen ja, meine Damen und Herren, die Schlangenbeine der Titanen im Pergamon-Fries. Es handelte sich nun für die Australier darum, auch die Schlangen durch konzentriertere Gliedmaßen zu ersetzen, denn die Schlangenleiber sind ja nicht einmal so kompliziert wie die Menschenbeine. Aus diesen Beinbestrebungen heraus entwickelten sich nun Kompositionen, in denen alle Gliedmaßen aller irdischen Tiere, mit dem Denkbaren und Möglichen gemischt, schließlich Komposita hervorbrachten, in denen alles Irdische abgestreift erschien. So sah ich einen Brunnengott, der zwanzig dickknochige krebsscherenartige Beine hatte, deren Füße komplizierte feine Luftballons waren, die zusammengedrückt erschienen und aus denen ellipsoidartige Blasen mit grätenartigen Kämmen heraustraten. Die Beine selbst hatten in den krebsscherenartigen Auswüchsen so viele gelenkige Stacheln und Rüsselbildungen, daß ein Floh im Mikroskop ein ganz einfaches Tierchen dagegen sein würde. Und nun denken Sie sich jedes Bein und jeden Ballonfuß anders als den danebenstehenden. Und dann denken Sie sich bunte Wasserstrahlen aus jeder Rüsselbildung hervorspritzen. Und denken Sie sich die Rüsselbildungen an den äußeren Seiten der Krebsscheren – und denken Sie sich die Hauptglieder der Beine immer mit einem Dutzend von verschiedenartigsten Kniebildungen. Und über diesen Beinkompositionen müssen Sie sich nun einen ganz abenteuerlichen Riesenrumpf denken mit Ballons und Spiralschrauben – und oben an Stelle der Arme müssen Sie elegante blattartige Flügelbildungen denken mit trauerweidenhaft niederhängenden Flügelspitzen, aus denen ganz dünne Wasserstrahlen herunterschießen – dann haben Sie eine ungefähre Vorstellung von diesem australischen Brunnengott, der vielleicht auf der Rückseite des Sirius ein lebendiges Dasein führen dürfte. Von dem gewaltigen Kopfe dieses Brunnengottes will ich Ihnen lieber garnichts erzählen, um Sie nicht zu verwirren. Sie werden mir aber zugeben, daß Sie derartige Skulpturen in Europa noch nicht haben – und daß alle Ihre hiesigen Brunnenspäße wirklich ein quarkiges Garnichts gegen diese australische Brunnenskulptur sind. Und diese soeben geschilderte ist nur eine – unter Tausenden. Jawohl, meine Damen und Herren, unter Tausenden! Nun bekommen Sie eine Ahnung von der australischen Plastik, nicht wahr?«

Der Baron fächelte sich mit seinem seidenen Taschentuche ein wenig Luft zu. Währenddem stieg aber die Gräfin Clarissa auf der anderen Seite des Saales auch auf eine Galerie, die ebenfalls einen kanzelartigen Balkon besaß. Und da sprachen nun die Beiden hoch über ihren Zuhörern, wie im Mittelalter streitende Doktores taten, von zwei Kanzeln zueinander. Das Ganze sah beinahe wie eine mittelalterliche Disputation aus. Die Gräfin Clarissa sagte mit feierlich erhobener rechter Hand:

»So sehr ich auch, Herr Baron, von der geschilderten Plastik entzückt bin, so muß ich doch erklären, daß mir diese freie Kompositionsart hauptsächlich nur einen dekorativen Wert zu haben scheint. Der Beschauer kommt zu dem Kunstobjekte in kein intimeres Verhältnis, da er ein derartiges Wesen nicht mit dem, was er sonst zu denken gewohnt ist, in innigeren Zusammenhang bringen kann. Wenn ich an die komplizierten Gefühlsempfindungen denke, die ich dem Standbilde eines alten Freundes gegenüber habe, so erscheinen mir die Gefühlsempfindungen, die ich dem australischen Brunnengott gegenüber haben würde, ganz einfach – schrecklich einfach. Die intimeren Gefühlseffekte bleiben dem komplizierten Werke gegenüber aus – und dadurch wird dieses für mich einfacher als das einfache Bild des alten Freundes.«

»Sie wollen sagen«, versetzte Münchhausen von seiner Kanzel aus, »das Neue sei nicht so interessant wie das Alte. Ich übersehe dabei, daß Sie mir damit eigentlich eine kleine persönliche Schmeichelei sagen wollen – und möchte nur bemerken, daß Sie ja das Neue noch garnicht gesehen haben; es könnte Ihnen doch, wenn Sies mehrmals gesehen, auch seine intimeren Reize entfalten. Das Intime hängt doch nicht nur an den Erinnerungen gemütlicher Art; es gibt doch auch noch andre Assoziationen, die nicht gemütsartig sind und doch sehr scharf wirken – durch neue Gedankenreihen, die auch durch ihre Neuheit einen komplizierten Gefühlseindruck auslösen.«

»Unterschätzen Sie auch nicht«, fragte die Gräfin, »den Erinnerungswert in der Kunst?«

Da erwiderte Münchhausen:

»Mein sehr verehrtes, gnädiges Fräulein, vergaßen Sie auch nicht bei Ihrer letzten Frage, daß ich immer noch hundertundachtzig Jahre alt bin und in den letzten drei Tagen drei Tage älter geworden bin und nicht jünger? Und vergaßen Sie auch nicht, daß alte Leute über die Bedeutung der Erinnerungswucht ganz gehörig nachzudenken pflegen – schon im achtzigsten Jahre? Und haben Sie daher nicht bedacht, daß ich über hundert Jahre über den Wert der Erinnerungsassoziationen *auch* nachgedacht habe? Entschuldigen Sie gütigst, gnädigste Gräfin, daß ich so rhetorisch rede, aber ich möchte nur feierlich erklären: es haben alle Dinge auch ihre Schattenseiten – und ganz gewiß auch die neuen Dinge; manche Dinge werden von uns nur durch ihren Erinnerungswert voll und bedeutsam, aber manche Dinge werden uns auch durch ihren Erinnerungswert abgeschmackt und banal. Dies ist eine veritable Tatsache, die von den Bekämpfern des Neuen nicht vergessen werden darf.«

»Aber, Herr Baron«, rief da die Gräfin, »ich bekämpfe ja nicht das Neue; ich möchte nur vor dem Neuen noch mehr empfinden als vor dem Alten – und daher wagte ich, Ihren geschätzten Ausführungen ein paar Worte entgegenzusetzen.«

Da sagte der Baron:

»Was ich Ihnen von der australischen Brunnengottheit schilderte, sollte ja natürlich nur ein dekoratives Stück sein; das Intimere der Melbourne-Plastik soll ja gleich nachher kommen. Ich will nur noch bei der dekorativen Außenseite ein wenig verweilen, da später dazu keine Zeit mehr übrig sein könnte. Sehen Sie nur: die australischen Bildhauer sind nicht nur bemüht, ihre Bildwerke mit den Wasserkünsten in Verbindung zu bringen; sie wollen auch das Licht, das Feuerwerk und die glänzenden Materialien aus Glas und Stein mit ihrer Plastik zusammenführen. Dadurch wird die dekorative Seite ihrer Kunst so lebhaft beeinflußt, daß man allerdings von den intimeren Wirkungen der Kunst anfänglich nicht viel sagen kann, nicht viel sagen darf – da ein allzu rücksichtsloses Vorgehen nach der einen Seite immerhin Schädigungen auf anderen Seiten hervorruft. Dadurch soll man aber nicht traurig werden – und hauptsächlich nicht ängstlich. Grade die Ängstlichkeit sollte man sich in der Kunst abgewöhnen – wenn auch da und dort durch ein allzu lebhaftes Vorwärtsstürmen etwas zerstört wird – nur nicht ängstlich werden! – das Zerstörte kann auch leicht wieder rekonstruiert werden. Und – für die Ewigkeit, das vergessen Sie nicht, Fräulein Clarissa, wird überhaupt keine Kunst gemacht; die Ewigkeit ist ja viel zu ausgedehnt. Man muß sich immer rechtzeitig daran gewöhnen, daß alles, was Menschen machen, auch mal zugrunde geht. Auch der alte Münchhausen wird mal zugrunde gehen; das ist nun mal nicht anders; daran muß man sich eben gewöhnen.«

Da nahmen alle anwesenden Damen ihre Taschentücher vor und fingen an zu weinen. Und die Gräfin Clarissa nahm auch ihr Taschentuch vor und fing auch an zu weinen und verließ weinend ihre Kanzel.

Da schlug der alte Münchhausen mit der Faust auf die Brüstung seiner Kanzel und rief zornig:

»Aber, meine Damen, zum Weinen sind wir hier wahrhaftig nicht zusammengekommen.«

»Ich dachte doch«, rief da unten angekommen die Gräfin Clarissa, »Sie, Herr Baron, wären wenigstens unsterblich.«

»Bin ich auch«, versetzte der Baron, »aber gleichzeitig weiß ich auch, daß wir alle unsterblich sind. Es kommt jedoch nicht darauf an, daß unsre sogenannte Persönlichkeit unsterblich ist – wenn nur unsre gute Laune unsterblich ist – die ist noch wichtiger als unser liebes Ich.«

Da lachten alle Damen und steckten ihre Schnupftücher ein. Und die Herren lachten auch und klatschten in die Hände. Und einzelne der Anwesenden riefen mit gedämpfter Stimme »Bravo!« –

Der Baron verbeugte sich, lächelte verschmitzt und fuhr fort:

»Ich habe die Bildhauer Melbournes auch in ihren Ateliers aufgesucht, die sich sämtlich im Ausstellungsgebäude befinden. In diesen Ateliers findet man keine weiblichen und männlichen Modelle; mit Kindereien gibt sich der australische Bildhauer nicht mehr ab. Es fällt den Leuten dort unten in der Nähe des Südpols nicht mehr ein, die Großartigkeit der Natur durch sklavisches Nochmalmachen festlegen zu wollen; dazu sind doch die photographischen Apparate da – die hätten ja sonst gar keinen Zweck. Dagegen finden wir in diesen Ateliers Lebewesen vom Saturn und vom Sirius und von vielen anderen Sternen und Nebelflecken. Da können Sie Organe sehen, mit denen man nur das Leben auf und in den Meteoren mitempfinden kann. Andre Organe reagieren nur auf das kolossale Leben, das sich weitab in anderen Milchstraßensystemen entwickelt. Und derartige seltsame Organe geben den fremdartigen Gestalten ganz wundervolle, höchst intime Reize. Sie dürfen nicht glauben, daß diese Organe einfache Teleskopgestalt haben; diese Organe gehen zumeist weit über die Augenform hinaus – mit sehr sinnreich durchdachten Gliedmaßen, die öfters komplizierte Ohrenform zeigen. Für ganz abnorm erklärt der Bildhauer Melbournes die irdische Ernährungsart; er setzt überall auf anderen Sternen eine andere Körperhaltung als die unsere voraus und kommt dadurch eben zu ganz anderen Lebensbedingungen und dementsprechend zu ganz anderen Körperformen und Gliedmaßen. Auch hält der australische Bildhauer das Gehsystem des Menschen für sehr primitiv und unbequem, was ich, wenn ich an meine alten Beine denke, sehr wohl verstehen kann. Ich halte es auch für besser, wenn uns an Stelle der Hühneraugen tragende Luftballons wachsen. Man denkt in Australien auch an verfeinerte Flügel – ist da überhaupt, wie gesagt, in jeder Beziehung weiter als hier in Europa. Daß man sich die Fortpflanzung der außerirdischen Lebewesen nicht irdisch denkt, brauche ich ja wohl nicht hinzuzufügen, da ja das Lächerliche und Unbequeme der tellurischen Artentstehung zur Genüge bekannt ist. Stellen Sie sich Wesen vor, die an Stelle der Ohren sehr bewegliche Luftballons mit komplizierter Flügelbildung besitzen – stellen Sie sich Wesen vor, die an Stelle des Rumpfes einen baumartigen Leib mit komplizierten, weit ins Freie greifenden Wurzeln haben – stellen Sie sich Wesen vor, deren Köpfe statt der Haare mit weiten blattartigen Schirmkompositionen ausgestattet sind – stellen Sie sich Wesen vor, die ihren ganzen Leib wie ein dickes Tuch um ihren Kopf wikkeln und darin verschwinden können – wie die Schnecke in ihrem Haus! Und dann – müssen Sie sich auch kleine Sternkörper denken, deren Gliedmaßen wie die Stacheln des Igels hervorragen. Ach, meine verehrten Damen und Herren, es wird mir außerordentlich schwer, Ihnen eine Vorstellung von allen diesen Jenseitsdingen zu geben – Sie müssen schon mit Ihrer Phantasie mitarbeiten. Leider habe ich die Photographieen, die ich mir in Melbourne kaufte, auf der Herreise verloren.«

Da riefen viele Damen wieder »Oh!« und »Ach!« und auch viele Herren schüttelten traurig mit dem Kopfe.

Und der Baron kam von seiner Kanzel herunter in den Saal und bat um eine kleine Erfrischung.

Und während nun im Stehen etwas gegessen und getrunken wurde, erklärte der Baron den Nächststehenden die Wandskulpturen der Rabensteinschen Villa und sagte schließlich:

»Es wird mir immer unbegreiflich bleiben, wie nahe verwandt diese Wandplastik mit der australischen Plastik ist; Sie sehen auch hier in den durchbrochenen Arbeiten überall statt der früher üblichen Astplastik – Schlangenleiber mit beliebigen Gliedmaßen und an Stelle der früher üblichen Blätter dünnere und dickere Flügel. Nun denken Sie sich all Dieses in Australien tausendfach verfeinert, dann haben Sie einen kleinen Begriff von dem großen Jenseits am Südpol. Dort denkt man auch höchst heftig über neue bequeme Kunstmaterialien nach und macht die entzückendsten Geschichten mit einfachem Zink und Blech. Ein gutes Kunstmaterial soll ja doch nur haltbar und leicht zu bearbeiten sein; auf die *Kostbar*keit kommts doch nicht an. Der *Kunst*wert allein entscheidet. Gold sieht man dort unten in den Ateliers sehr selten, öfters noch Silber – aber auch viel Blei, und einzelne Künstler arbeiten mit sämtlichen Steinen und Metallen, dies gibt – und suchen auch durch Legierungen und Verbindungen neue Stoffkompositionen mit neuen Eigenschaften herzustellen. Ein Kunstwerk nur aus einem Materiale herstellen zu wollen, ist ja der leichter herzustellenden einheitlichen Wirkung wegen auch da unten immer noch sehr beliebt – aber man empfindet diese einfache Einseitlichkeit nicht als ein Bestes. Hier in der Rabensteinschen Villa sehen Sie ja auch Stein, Holz und Metall vielfach zusammengestellt, ohne daß die einheitliche Wirkung darunter leidet.«

Nach diesen Worten bat die Gräfin Clarissa den Baron, für einen Augenblick ihr in eine tiefe Fensternische zu folgen.

Und dort sagte sie ihm:

»Morgen bin ich in Berlin, kann ich Sie nicht vormittags um elf Uhr im Café Josty am Potsdamer Platz sprechen?«

»Selbstverständlich«, sagte der Baron, »mit Vergnügen. Ich bin pünktlich da; Sie können sich fest darauf verlassen.«

»Danke schön!« sagte die Clarissa.

Und danach gingen sie wieder in den Saal, und der Baron sprach weiter zu dem kleinen Kreise, der ihm vorhin zugehört hatte.

Da ward es aber plötzlich ganz still im Saale, sodaß Alle zuhören konnten.

Und der alte Münchhausen sagte:

»Es ist doch ganz unerhört von der Gräfin Clarissa, daß sie behaupten möchte, die intimen Wirkungen könnten bei der Melbourne-Plastik ausbleiben. Ist denn ein Kunstwerk, das uns zwingt, unsre Gedanken in ganz andre Sternallwelten hineinzuzwängen, nicht ohne Weiteres geeignet, unsre Empfindungssphäre mit unsäglich vielen komplizierten Nebenvorstellungen anzufüllen? Andrerseits – ist nur die Plastik, die in kleinen Dimensionen sich uns darbietet, ganz alleine imstande, eine intime Stimmungswirkung in uns zu erzeugen? Kann man nicht auch vor einer Plastik mit kolossalen Dimensionen eine intime Wirkung verspüren? Stellen Sie sich vor: die größte Plastik kam in Melbourne erst, als ich einige Tage da war, zur Erscheinung; von einem großen Berge, der sich an der einen Spitze der Seeellipse befand, fiel plötzlich die ganze Architektur, die nur Gerüstarchitektur war, herunter – und wir sahen statt des Berges ein astrales Ungeheuer von kolossalen Dimensionen. Knorrige wilde Arme von sechsfacher Baumstammdicke reckten sich hoch auf und hatten Fackeln in den komplizierten Krallen. Und mitten im Felsen zwischen all den mächtigen Baumarmen war ein Medusenhaupt zu sehen – mit einer zwanzig Meter langen Steinnase. Und der obere Teil des Berges bildete den Schädel des Medusenhauptes. Oh – ein famoser Schädel mit tiefen Furchen, in denen unzählige bunten Steine funkelten! Und des Abends fing das ganze große Medusenhaupt zu glühen an – und spiegelte sich im See. Und die riesigen Augen des Kopfes wurden furchtbar, aber sie schlossen sich nach einer Weile. Und dann wurden die Stirnfurchen heller. Und wenn die Augen wieder aufgingen, schlugen oben auch die Flammen aus den Fackeln heraus. Und das Ganze spiegelte sich immer wieder im See.«

Der Baron erhob sich und wollte fort.

Aber die alte Gräfin Adolfine vom Rabenstein sagte traurig:

»Müssen Sie heute schon wieder nach Potsdam?«

»Nein«, sagte der Baron, »heute nicht.«

»Dann«, rief die alte Gräfin, »lassen wir Sie noch nicht fort – Sie müssen uns erst noch was Neues von Potsdam erzählen.«

Der alte Münchhausen setzte sich und sagte langsam:

»Na ja – nachher! Man vergißt so viel, wenn man so viel zu erzählen hat. Da fällt mir eben noch ein, daß die Bergplastik garnicht einmal die Plastik war, die in Melbourne mit den größten Dimensionen arbeitete – die sogenannte Lichtkettenplastik war noch viel größer. Sie erinnern sich, daß abends immer achtzehn Fesselballons zum Himmel emporstiegen. Als nun mal der Himmel so bewölkt war, daß man die Ballons, solange sie dunkel waren, garnicht sehen konnte, da erleuchtete man die Ketten, mit denen die Ballons aneinander und an die Erde gefesselt waren, nicht in der gewöhnlichen Art – man schuf durch neue Lichtketten oben in der Luft plötzlich Lichtungeheuer. Da sah man die ganze Melbourne-Plastik oben im Himmel. Und das war ein Anblick! Und die Plastik von Licht wurde oben in jeder halben Stunde ganz anders – man konnte auch allmähliche Veränderungen sehen. Stellen Sie sich die Gliedmaßen der Ungeheuer aus unzähligen elektrischen Flammen gebildet vor – in tausend und aber tausend Farben. Und stellen Sie sich diese Lichtglieder in Bewegung vor. Einzelne Besucher wollten schließlich auch einen Kampf der Lichtungeheuer sehen. Da kamen sie aber bei den großen Bildhauern Melbournes schön an; die erklärten, daß die großen astralen Wesen, die von ihnen verkörpert würden, an Kämpfen keine Freude hätten; die Kämpfe wurden ›kindliche Erziehungsmittel unintelligenter Barbarenvölker‹ genannt.«

Hiernach sprach man in der Rabenstein-Gesellschaft vieles über den Krieg und über die bedauerlichen Kämpfe der Menschen untereinander.

Münchhausen aber sagte noch zum Schlusse:

»*Ein* plastisches Kunstmaterial hätte ich bald vergessen: das durchsichtige Glas! Na – das ist ja ein ganz besonderes Thema, von dem ich Ihnen morgen mehr erzählen will. Heute bin ich zu müde.«

»Aber«, rief da die alte Gräfin Adolfine vom Rabenstein, »Sie wollten uns ja noch was Neues von Potsdam erzählen. Das können wir Ihnen nicht erlassen. Früher dürfen Sie nicht fort.«

Der Baron wurde sehr ernst und sprach leise:

»Es wäre mir nur sehr peinlich, wenn Sie mir das Neue, das ich Ihnen von Potsdam erzählen könnte, nicht glauben würden; es klingt nämlich einfach unglaublich.«

»Wir glauben Alles!« rief man da gleich von allen Seiten.

Da sagte der Baron leise:

»Ich habs durchgesetzt, daß das Tempelhofer Feld nicht mehr zu Paradezwecken verwandt wird; man will aus dem Tempelhofer Felde einen großen Stadtpark mit Melbourne-Skulpturen machen. Man will aus naheliegenden Gründen fortan auf sämtliche militärische Paraden verzichten. Das klingt unglaublich, ist aber wahr; man sieht eben ein, daß man mit den ›unkünstlerischen‹ Militärausstellungen nur einen peinlichen Eindruck in dem ›künstlerischen‹ Teile der Bevölkerung erweckt. Darum rufe ich begeistert: die Melbourne-Plastik auf dem Tempelhofer Felde zu Berlin – lebe hoch!«

Stürmisch riefen alle ebenfalls »Hoch!« –

Sie riefen es mehrere Male.

Und drei Minuten später fuhr der Baron in seinem Schlittenautomobil von dannen – durch den Grunewald nach Berlin.

Der Donnerstag

Am Donnerstag saß die Gräfin Clarissa vom Rabenstein vormittags um elf Uhr bei Josty und aß Nußtorte mit Schlagsahne; dabei sah die Gräfin unverwandt auf den bewegten Potsdamer Platz und dachte an ihren Baron.

Und fünf Minuten nach elf Uhr fuhr Münchhausens Automobil vor.

»Entschuldigen Sie gütigst«, sagte gleich darauf der alte Herr, »daß ich fünf Minuten später gekommen bin. Ich war im Ministerium der öffentlichen Arbeiten, und leider läßt sich in meinem Alter alles nicht mehr so schnell abwickeln wie einst in der Mitte des achtzehnten Jahrhunderts, als man noch Haarbeutel trug und weißseidene Strümpfe.«

»Herr Baron«, erwiderte die Gräfin, »wir wollen aber nicht über Haarbeutel und Strümpfe sprechen. Wir leben heute in einer ganz und gar toten Zeit, die wir lebendig machen müssen. Und wollen wir sie lebendig machen, so müssen wir Alles umkrempeln. Und nur Sie allein, Herr Baron, können zur Umkrempelung aller Dinge etwas Wesentliches beitragen.«

»Wollen Sie«, fragte der alte Herr, »nicht auch dazu beitragen?

Ich allein werds nicht können – was Wesentliches zu tun; Sie müssen nämlich wissen, daß man sich in Berlin nicht im mindesten wundert, daß ich hundertundachtzig Jahre alt bin. Die Zeit im Jahre eintausendneunhundertundfünf ist tatsächlich ganz tot – mausetot. Und dabei haben wir im Osten die furchtbarsten Kriege und Revolutionen. Aber das hilft alles nichts; die Zeit ist tot und bleibt tot – trotz alledem.«

»Wir müssen«, gab da die Gräfin leise zurück, »uns in ganz besondrer Art in Scene setzen. Ich habe eine Idee, Herr Baron. Aber – darf ich ganz offen sprechen?«

»Selbstverständlich, meine Gnädigste«, erwiderte der alte Herr lebhaft, »vor mir brauchen Sie doch keine Furcht zu haben – ich bin doch alt genug.«

»In einer Zeit«, fuhr nun leise die Gräfin fort, »in der Alles tot ist, pflegen schließlich die Frauen am leichtesten Leben in die Bude zu bringen. Daher gibts heute so viele Frauen, die auch eine rein geistige Bedeutung haben möchten. Natürlich ist die nicht von heute bis morgen zu erringen. Die Frauen müssen dabei zunächst immer wieder sagen: Mamaspielen oder Nichtmamaspielen – das ist jetzt die Frage. Die kindliche Meinung, daß das Mamaspielen eine Naturnotwendigkeit für die Frau sei, muß doch beseitigt werden. So viel dumme Frauen, daß das Menschengeschlecht nicht ausstirbt, wirds natürlich immer noch geben. Für die intelligenten Menschen darf das irdische Sexualleben nach meiner Meinung nur symbolischen Wert haben – es soll uns immer wieder nur zu der Erkenntnis zwingen, daß unser Leben im Zusammenhange mit dem Leben größerer Welten bleiben muß – daß unser Leben ganz herausgehoben aus einem größeren Weltenleben keinen tieferen Sinn hat. Andrerseits darf das intelligente Lebewesen – also auch die intelligente Menschenfrau – nicht die Meinung in sich aufkommen lassen, daß das ewige Nochmalmachen der Lebewesen auch die Aufgabe der Intelligenten sei. Das wäre doch zu dumm für die Klugen. Das ewige Nochmalmachen ist doch auch nur ein etwas umständlicher Ironiespaß der Erdrinde. Der muß als solcher erkannt werden. Und daher lehne ich das Mamaspielen einfach ab. Und aus diesem Grunde möchte ich mit Ihnen, Herr Baron, sehr gerne nächsten Montag – wie man so sagt – *durchgehen.* Das gibt einen brillanten Skandal, und dieser Skandal kann vortrefflich im Interesse der Umkrempelung aller Dinge verwertet werden.«

Die Gräfin bestellte Cognac.

Und der Baron sagte, nachdem sie beide getrunken hatten:

»Hiernach sage ich nicht: Durchgehen oder Nichtdurchgehen – das ist hier die Frage. Ich sage ganz einfach: völlig einverstanden – wir gehen nächsten Montag ganz einfach durch. Was aber wird Mama und Papa sagen?«

»Der Papa«, erwiderte die Clarissa, »freut sich, wenn ich mich mal ein bißchen lebendig zeige. Und er fürchtet nicht, daß ich jemals zu den minderwertigen Elementen gerechnet werden könnte. Und die Mama wird stets den Ansichten meines lieben Papas zustimmen. Mit meiner Abneigung gegen das Mamaspielen sind meine Eltern durchaus einverstanden.«

»Nun wird man«, sagte der Baron, »uns ganz bestimmt für ein Liebespaar halten.«

»Und darüber«, versetzte die Clarissa, »werden wir uns immer wieder lustig machen. Und dabei werden wir den Leuten den Kopf ganz gehörig verdrehen – das ganze Eheleben muß gründlich gelockert und reformiert werden. Natürlich – das gute Volk wird auch fürderhin den banalen Weg der sogenannten Natur gehen – aber man soll uns nicht noch mal sagen, daß das sogenannte Naturleben auch für die Höherstehenden maßgebend ist; die ganze Fortpflanzungsgeschichte ist auf der Erdrinde nur dazu da, daß einzelne schöpferische Menschen die Geschichte überwinden lernen – und bei diesem Überwinden das Schaffen lernen.«

»Gnädigste Clarissa«, sagte da der Baron mit einer kleinen Tränc im rechten Auge, »immer befand ich mich in meinem langen Leben auf der Jagd nach dem Unglaublichen. Und für das Unglaublichste hielt ich immer eine Frau, die im puren Geistigen ganz und gar aufgeht und nichts Andres mehr haben will. Und das Unglaublichste fand ich –«

»Halten wir uns nicht mit Schmeicheleien auf«, erwiderte hastig und errötend die Gräfin Clarissa, »dasselbe könnte ich Ihnen ja in ähnlicher Fassung sagen. Wir wollen aber immer sachlicher und immer weniger persönlich werden. Darum möchte ich Ihnen gleich sagen, was mir das Wichtigste im Gedankenleben meines Daseins erscheint: ich wollte die Notwendigkeit des Unzulänglichen im menschlichen Leben mit vernünftigen Gründen festlegen. Und da wurde mir sehr bald klar, daß auf der Erdrinde vor allem Andern selbständig schöpferische Lebewesen entstehen sollten – und daß schließlich Alles zunächst nur um dieser willen da ist. Betrachten wir das Erdenleben von diesem Gesichtspunkte aus, so haben selbstverständlich die Komplikationen der Sexualität und der Erwerbsverhältnisse für die Schaffenden einerseits nur Stachelwert, andrerseits nur symbolischen Wert. Auch das große fortwährende Sterben in der Natur der Erdrinde soll den Schaffenden nur klar machen, welchen kolossalen Wert für das Weltleben die Schaffenden haben – diejenigen, die genauso wie die Götter aus vorhandenen Faktoren neue Welt-, Kunst- und Lebenskompositionen erzeugen. Und daß diese Schaffenden danach natürlich nicht im Sexual- und Nahrungs- und Genußquark aufgehen dürfen – das ergibt sich ja ohne Weiteres von selbst. Auch die menschlichen Macht- und Potentatengeschichten sollen für die Schaffenden nur symbolisch auf die Wichtigkeit der schaffend führenden Geister hinweisen. Wie grandios ist es in der Erdrindennatur ausgesprochen, daß viele Billionen ›Kreaturen‹ ruhig qualvoll zugrunde gehen können, wenn nur ein einziger Neuschaffender entsteht. Wie deutlich wird uns in der menschlichen Geschichte immer wieder vorgeführt, daß die großen Menschenmassen immer wieder nur um des großen Einzelnen willen tätig sein müssen.«

»Sehr fein!« bemerkte der Baron bedächtig, »nur wollen wir uns nicht gänzlich in dieser Anschauungsart verlieren; wir müssen auch einsehen, daß alle Kreaturen zusammen ganz prächtig höhere Ideen zum Ausdrucke bringen – nämlich so, daß auch alle dummen Gegenbemerkungen zu diesen höheren Ideen durch die dummen und weniger umfassend denkenden Kreaturen zur ausdrücklichen Erscheinung gelangen. Wir dürfen dabei auch nie vergessen, daß die besten, schöpferisch lebenden und denkenden Menschen schließlich auch noch immer Kreaturen den größeren Geistern gegenüber bleiben – und daß die ständige Weiterentwicklung der schöpferisch tätigen Menschen höher gestellt wird als ihre Vollendung, die ja einen Abschluß und ein Ende bedeutet, das nirgendwo in unsrer unendlichen Raumsphäre wünschenswert erscheint. Auf das Wohl der symbolischen Geheimsprache der großen Erdrindennatur müssen wir jetzt eine Grätzer trinken, meine Gnädigste.«

Und sie tranken das Grätzer Bier mit andächtigen Gefühlen, und die Gräfin Clarissa fuhr also fort:

»Das Sexuale hat für die Schaffenden nach meiner Meinung hauptsächlich die Absicht, den Schaffenden immer wieder vor Augen zu führen, daß sie eine Teilerscheinung einer viel größeren geistigen Welterscheinung bedeuten; der Schaffende wird durch das Sexuale immer wieder verhindert, sich am Ziel als große Gottheit zu sehen; der Schaffende soll sich immer weiter entwickeln und nicht zu früh auf seinen Lorbeeren ausruhen wollen – überhaupt nicht ausruhen wollen.«

Da lachte der Baron und sagte:

»Darüber werden sich die Künstler nicht freuen, daß sie sich garnicht ausruhen sollen. Aber was Sie sagten, gilt auch nur für diejenigen, die im höchsten Sinne Schaffende sind. Die Kleinen können schon mal ausruhen, damit sie den Großen nicht stören.«

Dazu sagte die Gräfin:

»*Den* Großen möchte ich nicht – *die* Großen wären mir lieber. Außerdem möchte ich jetzt so fix wie möglich aus unsern köstlichen Höhen wieder heruntersteigen und das Bemerkte für die Frauen, die zu den Schaffenden emporsteigen wollen, fruchtbar machen. Diese Frauen werden mit dem Madonnenkultus schnell aufräumen müssen; sie werden nicht mehr in der sogenannten Mutter eine ehrwürdige Erscheinung erblicken – sie werden den ganzen Familienkult den Masseninstinkten überlassen – und sich für berechtigt halten, sich über Liebe, Ehe und kleines Kind lustig zu machen. Die scheinbar ehrwürdigen Institutionen unsrer Entstehungs- und Existenzkomödie werden von der Frau, die ich meine, nur für saftige Späße jenes hohen Geistes, der über uns ist, angesehen werden. Und nun kommts: wollen wir in diesem Sinne umkrempelnd wirken, so müssen wir durch unsre freie Vereinigung, Herr Baron, Propaganda für unsre Anschauungen machen.«

Der Baron erwiderte:

»Vergessen wir aber nicht, daß das Umkrempeln aller Dinge eigentlich die Aufgabe derer ist, die Schaffende im höchsten Sinne sein wollen.«

»Nein, nein«, rief da die Gräfin, »diese Schaffenden müssen unterstützt werden in ihrem Schaffen, dürfen aber nicht zum Umkrempeln aller Dinge mißbraucht werden. Dieses Umkrempeln können auch weniger weit entwickelte Lebewesen veranstalten.«

Der Baron küßte jetzt der Gräfin die Hand und sagte feierlich:

»Sie haben ja wieder mal Recht: wir haben eigentlich nur die Aufgabe, den Schaffenden die Wege zu ebnen. Und daher müssen wir zunächst das Eheleben durch ein gutes Beispiel reformieren. Wir müssen alles Madonnenhafte verächtlich machen – die heiligsten

Gefühle brutal verletzen. Wenn uns das gelingt, werden wir ja eine schöne Gesellschaftsrevolution erzeugen. Ich fürchte nur, daß uns verschiedene Damen sehr mißverstehen werden; man wird an die Damen, die auch nicht Ehefrau und nicht Mutter werden wollen und nur an der Abwechslung Geschmack finden, auch sehr heftig bei unsrer Ehereform denken – und uns mit diesen Damen in einen Topf werfen wollen.«

»Haben Sie«, sagte da die Clarissa, »vielleicht Angst? Ich nicht. Wenn der Sache auch ein kleiner cynischer Beigeschmack gegeben wird – das schadet doch nichts; wir wissen doch viel zu genau, daß wir uns auf dem richtigen Wege befinden und daß wir doch nur Kind und Ehe forthaben wollen – ganz gleich wie. Der keusche Cynismus könnte so leicht modern werden. Machen wir doch Propaganda für diesen keuschen Cynismus; die vereidigten Väter und Mütter werden sich schon gehörig aufblähen.«

»Clarissa, Sie sind mutig!« rief da der Baron.

Aber die Clarissa sagte lachend:

»Sie haben mich zum ersten Mal mit meinem Vornamen genannt, jetzt müssen Sie mich auch duzen. Darf ichs auch?«

»Ja«, sagte schmunzelnd der alte Münchhausen. »Aber ich habe ja keinen Vornamen.«

»So nenne ich Dich Münch!« rief die Clarissa.

Danach tranken die Beiden noch eine Grätzer, und die Clarissa sagte dabei:

»Weißt Du Münch, was mir am meisten Spaß machen würde bei dieser Geschichte?«

»Nein«, sagte der Münch.

Und da sagte die Clarissa:

»Wenns auch in der Geburts- und Geldaristokratie modern wird, keine Kinder mehr zu bekommen, so werden sich ja diese Herrschaften ohne Weiteres bereit finden lassen, eine Erbschaftssteuer von 90% anzunehmen. Das gibt ja eine ganz famose *soziale* Revolution! Außerdem würden ja die Herrscherfamilien, wenn das Familienleben unmodern wird, sehr schnell aussterben! Und dieses Aussterben wird natürlich auch das Umkrempeln aller Zustände lebhaft befördern.«

Da lachten alle Beide, daß sich die Kellner ganz verwundert umschauten.

Da zahlte denn der Baron und fuhr dann gleich mit der Clarissa zum Wannsee hinaus. –

In der Rabensteinschen Villa kamen die geladenen Gäste am Donnerstag schon um fünf Uhr an, da sie sämtlich zu einem großen Diner geladen waren.

Der alte Münchhausen kam mit der Clarissa erst fünf Minuten vor fünf Uhr an.

Und der alte Graf Adolf vom Rabenstein kam den beiden lachend entgegen und meinte gutmütig:

»Ganz seltsam, Herr Baron, daß Sie heute meine Tochter in der Stadt getroffen haben. Ich freue mich nur, daß Sie rechtzeitig zum Essen gekommen sind. Es ist ein sehr gutes Zeichen, daß Sie bei allen geistigen Genüssen und Perspektiven auch die irdischen Bedürfnisse nicht gänzlich aus dem Auge verlieren. Man verliert ja nicht so viel dabei, aber meine Frau sagt immer: praktisch sein – kann niemals schaden.«

Als es nun offenbar wurde, daß sich die Gräfin Clarissa mit dem alten Münchhausen duzte, da trank der alte Graf Adolf vom Rabenstein auch gleich Brüderschaft mit dem Baron. Und die Gräfin Adolfine tat dasselbe. Die Berliner Berühmtheiten staunten sehr und dachten, jetzt würde gleich eine Verlobungsanzeige kommen; aber die kam nicht.

Der Baron Münchhausen saß zwischen dem Grafen Adolf und der Gräfin Adolfine und hielt den Mund nicht einen Augenblick still.

»Nein«, rief er bei der sechsten Auster, während die Versammelten sämtlich aufhorchten, »der erste Donnerstag in der Melbourne-Ausstellung war famos; das können Sie mir glauben. Als ich in meinem Hotelzimmer frühstückte, sah ich auf den See hinaus und bemerkte da im Morgensonnenglanz unzählige dicke bunte Kugeln, die auf dem See herumschwammen. Ich rief den Kellner und fragte, wozu die Kugeln gut seien. ›Das sind Kunstblumenfrüchte‹, bekam ich zur Antwort. Und bald sah ich auch, daß das stimmte. Eine Kugel nach der andern brach auf und ließ große Blattgewächse aus ihrem Innern herauswachsen. Bald war der ganze See voll künstlicher Blumen, die immerzu zusehends wuchsen. Es ist ein Kunststück, so was Wachsendes zu beschreiben. Das läßt sich garnicht beschreiben. Und ich kann Ihnen nur so viel davon erzählen, daß Sie eine ungefähre Vorstellung bekommen. Die Blätter, die da entstanden, waren natürlich gar keine Blätter in unserm Sinne. Manche hatten etwas Eisblumenartiges und waren vielfach durchbrochen, andre hatten seltsame knorrige Äste, auf denen sich große Fächergewächse entwickelten – in Wandschirmgröße. Natürlich fuhren alle Ausstellungsbesucher in ihrem Hotelzimmer auf den Drahtseilbahnen über dem See herum, sodaß man das Wachstum dieser Kunstblüten mit Bequemlichkeit verfolgen konnte. Die Maschinerieen in den Fruchtkugeln wurden aber nicht gezeigt, obschon viele Besucher sich grade für die technische Seite dieses Ausstellungswunders interessierten. Natürlich wurde sehr viel Draht und sehr viel Papier bei diesen Kunstblumen verwandt – aber auch viele andere Materialien ließen sich feststellen. Große Bewunderung erregten riesige Blumen, die wie bunte Spinngewebekompositionen aussahen und aus lauter Fäden und Netzen bestanden. Dann gab es große wehende Schleierblumen mit Kelchen, die aus dünnsten Tuchstoffen bestanden und im Winde anmutig hin und her baumelten.«

Hiernach aß der Baron erst wieder ein paar Austern und sprach dabei leise mit der Gräfin Adolfine.

Und erst nach einer Stunde bei den Lachsforellen fuhr der Baron in seinem Thema fort:

»Sämtliche Stoffe, die wir auf der Erde kennen«, sagte er, »wurden von den australischen Künstlern für ihre Kunstblumen verwertet. Selbstverständlich nahm man die Edelmetalle nur in dünnster Fassung als Belag. Wir fuhren in unsern Hotelzimmern oft durch große Urwaldgegenden, in denen ein Blütenreichtum herrschte! Glasblumen, Porzellanblumen, Aluminiumblumen, Emailblumen, Federkompositionen und durchsichtige Papierblüten – das gabs alles in diesen künstlichen Urwäldern massenhaft. Und dazu müssen Sie sich die abenteuerlichsten Schachtelhalmkompositionen denken – und Baumriesen, die mit köstlichen Säulenkapitells geschmückt waren, aus denen schattenspendende Dachblätter herauswuchsen. Und dann denken Sie sich all diese Blumen- und Baumgeschichten mit üppigsten Schlinggewächsen überwuchert! Hochinteressant waren besonders die feinen Glasblumen. Aber von diesen Glasblumen, die eigentlich den Gipfel der Melbourne-Botanik bildeten, erzähle ich Ihnen vielleicht später etwas Längeres. Heute fühle ich mich doch zu angegriffen. Vergessen Sie nicht, daß der australische Künstler sich natürlich überall bei seinen botanischen Kompositionen die größte Mühe gab, von allen irdischen Formen Abweichendes zu bieten. Es wäre also verfehlt, von Orchideen zu reden; man suchte eben die Orchideen zu übertrumpfen. Man leitete auch Wassermassen in die Gipfel der

Bäume hinauf und brachte durch Tropfen und Sprühregen die künstlichen Blumen, die die Feuchtigkeit vertragen konnten, zum Glänzen und Funkeln.«

Darauf sagte die Gräfin Clarissa:

»Jetzt bin ich aber neugierig, was aus dieser Phantasieblumenwelt des Abends bei der großen Beleuchtung wurde.«

»Du willst damit, liebe Clarissa«, erwiderte der Baron, »sagen, daß Dir meine Erzählung heute nicht so recht interessant vorkommt. Daran aber hast Du Schuld, denn Du hast mich heute Vormittag im Café Josty dermaßen angestrengt, daß es mir schwer fällt, heute beim Thema zu bleiben.«

»Das tut mir schrecklich leid«, sagte die Gräfin, »dann mußt Du Dich aber schonen und ganz kurz sein. Erzähle doch nur mit ein paar Worten, wie es des Abends war. Du brauchst doch nicht täglich – stundenlange Vorträge zu halten.«

»Das ist ja viel zu anstrengend für den alten Herrn Baron!« sagten nun verschiedene Damen und Herren.

Münchhausen aber fuhr fort:

»Selbstverständlich war die Geschichte des Abends bei all den kolossalen Beleuchtungseffekten fast überirdisch. Die Beleuchtung kam zunächst aus den Seeblumen selber heraus. Und wie das bei den vielen Glasblumen wirkte – das können Sie sich natürlich leicht ausmalen. Natürlich wurden auch wieder die achtzehn großen Fesselballons oben in Lichtkunstblumen verwandelt. Und aus den Drähten oben wurden unzählige Lichtschlinggewächse. Und dann gabs auf dem See, der die obere Geschichte an einzelnen Stellen prachtvoll spiegelte, eine kolossale Fontänenkomposition, die schließlich so aussah, daß man alle diese sprühenden bunten Wasser für Blumen halten konnte. Und dazu gabs oben unter den Ballons eine großartige Ballonmusik. Sämtliche Musiker saßen oben in den Gondeln unter den Luftballons. Und in der Mitte sah man den Taktstock des Kapellmeisters als ein großes Lichtdiamantenscepter auf- und absteigen. Und dabei zerfiel die Blumenwelt auf dem See allmählich, sodaß schließlich auf dem See nur die gigantischen Ballonblumen gespiegelt wurden. Und dann ward es oben plötzlich ganz dunkel. Und danach entstand unter der Seeoberfläche ein Funkenblumenspiel von entzückender Beweglichkeit. Na – darüber kann man ja Jahre reden. Eigentlich sollte man so was garnicht mit Worten zu schildern versuchen; man sollte die Geschichte lieber malen. Photographieen wurden ja in Melbourne massenhaft hergestellt. Jedes Blumenfest – und jeden Donnerstag gabs eins – war nämlich ganz anders wie das vorige, da man ja auf dem See die Fruchtkugeln immer anders verteilen konnte. Des Abends fuhr man natürlich in Motorbooten auf dem See herum. Und einzelne dieser Motorboote wurden dabei zu großen Metallblumen. Ich muß nur immer wieder lebhaft bedauern, daß ich die sämtlichen Photographieen, die ich in Melbourne kaufte, auf der Herreise verloren habe.«

»Münch«, rief da die Gräfin Clarissa, »nun laß mal die große Melbourne-Ausstellung ruhen und erzähle uns lieber, was Du heute Vormittag im Ministerium der öffentlichen Arbeiten gemacht hast.«

»Sehr einfach ist das zu erzählen«, versetzte der Baron, während er sich ein paar große Stücke von einem kalten Gänsebraten auf seinen Teller legte, »ich habe im Ministerium der öffentlichen Arbeiten durchgesetzt, daß Berlin eine neue Dacharchitektur erhält. Ich setzte den Herren auseinander, daß doch ein künstlerisch gebildeter Mensch unten in den Straßen nicht mit künstlerischem Vergnügen herumlaufen könnte. Und deswegen müßte eben auf den Dächern Berlins ein neues Berlin angelegt werden. Und ich empfahl bei der Ausstattung der Dachplätze die künstlichen Metallblumen. Und die Herren vom Ministerium der öffentlichen Arbeiten waren ohne Weiteres einverstanden. Man wird auf den Dächern Berlins nicht nur Plätze anlegen – man wird auch Fahrstraßen, Fußgängerwege und Schienenwege anlegen. Das Ganze wird ein sogenanntes *Über*-Berlin. Trinken wir alle auf das Wohl dieser köstlichen Über-Stadt.«

Alle tranken und waren ganz ernst.

Als aber der Baron lächelte, lächelten auch die Gäste des Grafen vom Rabenstein.

Und als der Baron lachte, da lachten Alle.

Und es wurde an diesem Donnerstag sehr spät, und als der Baron endlich sagte:

»Jetzt muß ich aber nach Berlin fahren« --- da wars drei Uhr morgens.

Der Freitag

Am Freitag kam der Baron kurz vor sieben Uhr abends in die Rabensteinsche Villa und sah sehr frisch und vergnügt aus.

»Meine Damen und Herren«, sagte er gleich, »heute bitte ich um Ihre größte Aufmerksamkeit, denn ich habe Ihnen Dinge von Melbourne zu erzählen, die Ihr Erstaunen erregen werden.«

Nach diesen Worten versammelten sich Alle gleich im großen Saale, und der Baron sprach so lebhaft, wie er noch nie gesprochen hatte; Alles lauschte, und der Baron erzählte das Folgende:

»Wenn man die Quarkereien hört, die man in Europa hören kann, so könnte man bersten vor Grimm. Aber in Melbourne wars besser; da konnte man an jedem Freitag mit einem Luxuszuge ins Innere der Erde fahren.

Die Wagen fuhren auf Gummirädern, die oben über dem Zuge angebracht waren, sodaß man kein Geräusch hörte, während man bequem in einer Sofaecke saß und zum Fenster hinausblickte.

Es ging zunächst durch kolossale Bergwerke, die prächtig erleuchtet funkelten; da sah man alle Arten von Gesteinen und Metallen, auch kleine Flüsse und viele edle Steine, Farben gabs da in Menge; man sah groteske Höhlen und große Felslandschaften mit weiten Perspektiven, auch viele Nebelgebilde und seltsame Rauchwirbel. Und es fiel mir garnicht unangenehm auf, daß vom blauen Himmel mit seinen Wolken nichts mehr zu bemerken war.

Und dann kamen wir immer tiefer und tiefer ins Gestein, und die Felsformen wurden immer phantastischer, und die Metalle und Edelsteine wurden immer massenhafter sichtbar – und dann gings ganz steil hinunter – mit blitzartiger Geschwindigkeit.

Allmählich kam der Zug dann wieder in die waagerechte Lage, und dann hielt er still, und wir durften auf der sogenannten Frühstücksstation aussteigen.

Und da saß man denn vor kolossalen Glasscheiben, hinter denen Walfische und andre große Fische scharenweise herumschwammen.

Aber ein Bahnbeamter machte uns gleich darauf aufmerksam, daß die Fische, die wir für Walfische hielten, ganz andre Walfische seien als die, die wir auf der Meeresoberfläche kennen lernen könnten; wir befanden uns nämlich siebentausend Meter unter dem Meeresspiegel in einem Tiefseegebiet, das allen Tauchern der Erde noch unbekannt ist; die großen Fische hatten alle riesig große

Augen und sehr große Flossen und Schwänze.

Man aß in diesem Tiefseerestaurant natürlich nur Fische – aber natürlich nicht Tiefseefische, da die da unten selbstverständlich nicht gefangen werden konnten.

Die Techniker erzählten, mit welchem Raffinement die viele Meter starken Glasscheiben angebracht wurden – und wie sie auf der Seeseite mechanisch immerzu gereinigt würden.

Der Wasserdruck da unten ist natürlich so stark, daß das ganze Scheibenwerk nur durch Benutzung besondrer geologischer Verhältnisse herzustellen war; die Erörterung derselben würde mich aber zu weit ablenken.

Genug – die Scheiben waren da.

Und außerdem waren auch noch große Glasscheibentunnels da, durch die wir weiter fuhren – auf dem Meeresboden – sieben bis neuntausend Meter unter dem Meeresspiegel.

Da sah man denn rechts und links immer größere Fische – und kolossale quallenartige Tiere – und Tiere mit mächtigen Schlangenleibern. Und außerdem bemerkten wir ungeheure Tiere, die so aussahen, als wären sie mit dem Meeresboden fest zusammengewachsen.

Ein Professor, der in meinem Wagen neben mir saß, erklärte mir, daß einige der großen Tiere tatsächlich mit dem Meeresboden zusammengewachsen seien.

›Sie dürfen nicht vergessen‹, sagte er, ›daß wir bisher von diesen Tiefseeformationen so gut wie garnichts wußten. Von diesen angewachsenen Tieren hatten wir bisher gar keine Ahnung. Und wir dürfen diese angewachsenen Tiere auch ganz sicherlich nicht mit den Fischen, Quallen und Schlangen, die hier unten herumschwimmen, in unmittelbare Verbindung bringen. Diese angewachsenen Tiere haben zweifellos Leiber, die tief ins Innere der Erde hineinreichen. Diese angewachsenen Tiere gehören zur unterirdischen Tierwelt, die mit der oberirdischen, zu der wir natürlich auch alle Tiefseefische und Schlangen rechnen müssen, ganz bestimmt nichts mehr zu tun hat. Wir sind in Melbourne der Überzeugung, daß Alles, was auf der Erdrinde lebt, Parasitennatur besitzt; die Lebewelt der Erdrinde ist wahrscheinlich durch Meteore auf die Erdrinde gekommen und hat mit dem Erdball eigentlich innerlich nichts zu tun. Dagegen müssen wir in den großen angewachsenen Tieren der Tiefsee Lebewesen erblicken, die organisch zur Erde gehören und von dieser unzertrennlich sind, während wir die Erdrindenlebewesen sehr wohl von der Erde trennen können, ohne daß dieser dadurch etwas Wesentliches fortgenommen wird. Doch über diese Fragen sind die Gelehrten noch nicht einer Meinung.‹

›Das ist ein Glück!‹ sagte ich darauf unwillkürlich.

Ich war, wie Sie sich denken können, durch die Ausführungen des australischen Professors natürlich etwas verblüfft.

Ich wollte nun das eine der angewachsenen Tiere etwas näher in Augenschein nehmen – aber die Größe seines Leibes war doch so gewaltig, daß ich sie nicht einmal mit dem Fernrohre überblicken konnte. Wohl sah ich verschiedene hoch aufragende Gliedmaßen von dunkelgrüner und dunkelblauer Farbe; die Haut der Gliedmaßen erinnerte an Schlangenhaut – sah aber sehr porenreich aus und hatte an vielen Stellen große schneeweiße Blasen, in deren Innern es oftmals heftig flackernd aufleuchtete; nach dem Aufleuchten wurden die Blasen ganz bunt wie Opale; doch die Farben bewegten sich sehr lebhaft.

Eine Kopfbildung aber konnte ich an dem Ungeheuer nicht bemerken.

›Bemühen Sie sich nicht‹, sagte der Professor, ›das große Tier besser zu sehen; Sie werden sehr bald noch größere Tiere erblicken – und zwar so, daß Sie die Glaswand nicht mehr beim Sehen behindert; wir kommen gleich aus dem Glastunnel raus.‹

Und das geschah auch.

Wir fuhren durch einen Steintunnel, in dem nichts zu sehen war, und langten danach auf der zweiten Station an, wo uns zunächst ein üppiges Diner erwartete, das in kleinen Salons serviert wurde, in denen sich keine Fenster bemerkbar machten.

Nach dem Diner gingen wir auf die große Terrasse hinaus – mit der Cigarre im Munde.

Und dort auf der großen Terrasse ward uns ein Anblick zuteil – meine Damen und Herren, Sie könnens mir glauben, ich bin nicht schreckhaft, aber mir fiel gleich die Cigarre aus der Hand.

Ich stand in einer ungeheuerlich großen, weiten Höhle, auf deren Wänden viele purpurrote Steine leuchteten – ganz hell leuchteten.

Und unten in der Mitte entdeckte ich den furchtbaren Kopf eines Ungetüms mit weißen hausgroßen Augen, in denen smaragdgrüne Pupillen funkelten – immerzu funkelten wie unzählige Brillanten.

Die Nase des Ungetüms bestand aus vielen polypenartigen Rüsseln, die pechschwarz und glänzend aussahen und sich langsam nach allen Seiten drehten.

Und der Leib des Ungetüms füllte den ganzen Boden der Höhle und bildete eine bewegliche dunkelviolette Masse.

Und die Nasenrüssel des Ungetüms näherten sich unsrer Terrasse, und unbeschreiblich köstliche Wohlgerüche entströmten den Rüsseln.

Und dann hob sich der Kopf des Ungetüms ganz hoch empor bis zur Decke, und die Smaragdpupillen starrten uns an, daß wir zitterten.

Danach ging der Kopf wieder hinunter, und die schwarzen Rüssel drehten sich spiralförmig und wurden ganz dünn und sehr lang, und die Spitzen der Rüssel betasteten dabei die Wände der Höhle, auf denen die purpurroten Steine leuchteten.

Mit leiser Stimme sprach darauf der Führer unsres Zuges:

›Das große Wesen, das Sie sehen, ist mit Vernunft begabt und uns nicht feindlich gesinnt. Sie sehen in diesem Wesen, das ganz mit dem Innern der Erde verwachsen ist, eine Gottheit der Erde, der wir eine göttliche Verehrung entgegenbringen wollten; wir wollten ihm einen Tempel erbauen, doch die schwarzen Rüssel legten sich ganz sanft auf die Hände unsrer Arbeiter und schoben sie ganz sanft zurück. Wir ließen danach den Tempelplan fallen und bauten unsre Bahn weiter. Und beim Weiterbauen der Bahn wurde unser erster Baumeister plötzlich von einem Rüssel ergriffen und da drüben in jene Ecke geführt. Dort sah der Baumeister einen natürlichen Tunnel, ging hinein und untersuchte ihn und kam zu einer anderen Höhle, in der ein anderes Wesen hauste. Als der Baumeister das gesehen hatte, kehrte er um und wurde von demselben Nasenrüssel, der ihn dorthin geführt hatte, wieder ganz sanft zu uns zurückgeführt. Und so bauten wir denn unsre Bahn weiter – durch viele große Höhlen hindurch, in denen uns andre natürliche Tunnel in ähnlicher Weise wie hier gezeigt wurden, sodaß unser Bahnbau sehr schnell fertig wurde.‹

›Es ist zweifellos‹, meinte hierzu der Professor, ›daß wir hier einer echten Gottheit ins Auge gesehen haben.‹

Wir fuhren nun mit unsrem Zuge weiter – durch Höhlen und Tunnel immerfort. Und die Höhlen wurden immer prächtiger, und die riesigen Ungeheuer, die in den Höhlen wohnen, wurden immer seltsamer.

Wir sahen auch ein Ungeheuer, das ein großes Maul hatte; das Maul verzog sich so, daß es lachend aussah. Und dann hörten wirs auch lachen, daß die Wände dröhnten.

Wir sahen auch fabelhaft große Lebewesen, an denen wir eine Kopfbildung nicht entdecken konnten. Wohl aber hatten alle diese großen Erscheinungen unzählige seltsame Gliedmaßen und viele Fühlhörner wie die Schnecken und gewaltige Schlangenarme mit Gelenkbildung und auch Arme ohne diese Gelenkbildung. Und wir sahen auch offene Rüssel, in deren Innern eine fluorescierende Substanz immerzu sich bewegte und leuchtete.

Wir sahen auch viele dieser Körper in einer derartig verhärteten Masse, daß sie sich von der umgebenden Gesteinsbildung nicht unterschied. Manche Körper machten sich als lebend nur durch vielfach veränderliche Farbenerscheinungen bemerkbar.

Dabei rasten wir in unserm Zuge mit unheimlicher Schnelligkeit durch die vielen Grotten und Tunnel immer weiter. Und der ständige Wechsel in den ungeheuerlichen Erscheinungen griff mich sehr an, zumal in manchen Höhlen seltsame Dünste aufstiegen; in einigen Höhlen sahen wir unzählige Blasen herumschweben, die an große Seifenblasen erinnerten.

Um mich ein wenig zu zerstreuen, unterhielt ich mich öfters mit dem Professor, der ein geborner Melbourner war und immer in demselben Wagen mit mir fuhr.

Er erzählte mir auch von einem amerikanischen Naturwissenschaftler, der gleich nach der Entdeckung der großen Höhlen den Vorschlag gemacht hatte, die Riesenkörper wissenschaftlich zu untersuchen.

›Wir lehnten das‹, sagte der Professor, ›natürlich ab; da der Herr aber darauf bestand, gestatteten wir ihm, in einer relativ kleineren Höhle mit langen Leitern hinunterzusteigen. Wir zogen uns in den Eingang des nächsten Tunnels zurück und warteten ruhig ab, wie dem Herrn diese Expedition bekommen würde. Anfänglich ging alles ganz gut, und der große Erdriese bewegte sich nicht. Da jedoch hatte der kühne Herr die Kühnheit, sein Taschenmesser zu ziehen, um den großen, schlangenartig glitzernden Riesenkörper, auf dem er stand, auch mit seinem Taschenmesser zu untersuchen. Kaum aber fing der Herr damit an, so wurde er von zehn blitzschnell hervorschießenden Schlangenarmen gefaßt und in die Höhe gehoben. Und oben erhielt nun der Herr Naturwissenschaftler von andern Armen, die handartige Ausläufer zeigten, rechts und links furchtbare Backpfeifen, daß er jämmerlich schrie. Wir taten nichts zu seiner Rettung, und der Herr wurde danach ganz sanft von den Armen, die ihn festhielten, zu unsern Füßen niedergelegt. Der Ärmste hatte ein ganz geschwollenes Gesicht und so verschwollene Augen, daß er wochenlang nichts sehen konnte. Das Messer, das er fallen gelassen hatte, wurde dem Herrn von einem Arme des Erdriesen geschickt zugeklappt und dem Gemaßregelten mit unglaublicher Geschicklichkeit vor unsern Augen in die Tasche gesteckt. Da kamen wir lachend hervor und zogen schleunigst die Leitern wieder ein. Und nach diesem Vorfall werden wir jeden, der an eine Körperuntersuchung der Erdriesen denkt, sofort so behandeln, wie er es verdient – wir werden ihn eben schleunigst wieder an die Oberfläche der Erde befördern.‹

Diese Geschichte amüsierte mich natürlich sehr, und wir sprachen noch viel darüber.

›Was hätten wir denn‹, meinte der Professor, ›gewonnen, wenn wir die Haut dieser Riesen, deren Lebensart uns so vollkommen unverständlich ist und die wir doch als höhere Lebewesen erkennen müssen, untersuchen könnten. Wir stehen hier einer ganz anderen Lebenssphäre gegenüber, die von der unsrer Erdrinde so verschieden ist, daß wir uns auf materialistische Untersuchungen garnicht einlassen dürfen, da sie ja doch zu nichts führen. Genug, daß wir die Riesen mit unsern Augen sehen können. Schließlich könnten wir ja auch unsern Augen nicht trauen und alle diese riesigen Erdhöhlen für Visionen halten. Und nach der Erkenntnistheorie sind ja alle unsre Augeneindrücke nichts weiter als Visionen. Was wollen wir also mit Tastsinnsuntersuchungen? Die haben doch noch weniger Realitätswert als die Augeneindrücke.‹

Wir sprachen noch viel darüber, während immer neue Wundergrotten an uns vorüberzogen – mit prächtigen unterirdischen Felslandschaften; oft sahen wir so köstliche Steine, daß wir minutenlang kein Wort hervorbringen konnten.

Und dann kamen wir in die sogenannte Tempelstation, wo wir mit Kaffee und Kuchen erfrischt wurden.

Hier hatten die Australier nochmals versucht, einen Tempel zu bauen – und waren nicht daran gehindert worden.

Der Tempel bestand nur aus Glas – aus großen, stellenweise undurchsichtigen Glasquadern und aus großen bunten Glasscheiben, durchsichtigen und undurchsichtigen. Durch einen Knopfdruck ließen sich alle Fensterbildungen in die Wände schieben. Und sobald das geschehen war, pflegte man im Innern des Tempels auf Orgeln und andern Instrumenten ein großes Konzert aufzuführen

– und zwar mit Pausen.

Blieb in der ersten Pause alles still, so wurde nicht weiter gespielt.

Aber zuweilen kam nach den Tempeltönen aus dem Innern der Höhle eine seltsame feine Musik heraus, die gleichsam eine Antwort war auf das, was im Tempelinnern gespielt wurde.

Die Antwort wurde natürlich sorgfältig fixiert, und die Komponisten haben versucht, auf diese fixierten Töne der Erdhöhle musikalisch eine Gegenantwort zu geben.

Während ich da unten in der Tempelstation war, wurde aber nicht Musik gemacht, was ich sehr lebhaft bedauerte.

Lassen Sie mich, meine Damen und Herren, jetzt ganz kurz sein: wir fuhren abermals weiter und kamen nach längerer Zeit in eine Höhle, die an Größe alle bisher gesehenen Höhlen übertraf. Diese Höhle war so groß, daß uns die andere Seite kaum sichtbar wurde. Und als wir da nun ausstiegen, sahen wir über uns – nordlichtartige Erscheinungen und––– den großen Sternhimmel, den wir auf der Erdoberfläche sehen.

›Wir sind am Südpol!‹ sagte mein Professor ganz leise zu mir.

Es fällt mir schwer, chronologisch das Weitere hintereinander zu erzählen.

Ich wußte nicht recht: sollte ich zuerst nach oben oder nach unten blicken.

Die Erregung aller Reisenden war eine so große, daß der Stationsvorsteher uns bat, zunächst in seinen großen Speisesaal zu kommen, wo wir mit Delikatessen und guten Weinen erfrischt wurden.

Aber diese Erfrischung ließ sich jeder nur für ein paar Minuten gefallen; dann rannten wir alle hinaus.

Ich sah zunächst zum Himmel empor, da ich so lange keinen Himmel über mir gesehen hatte.

Und am Himmel grade über uns sah ich eine große runde, weißlich flimmernde Scheibe mit einem hellblauen Mittelpunkt.

›Das ist‹, sagte mein Professor, der immer an meiner Seite blieb, ›der Südpolmond. Wir haben ihn mit dem Teleskope untersucht; er befindet sich nur vier Meilen über uns und hat Kegelform, daher der hellblaue Mittelpunkt, der auf der oberen Seite die Spitze des Kegels bildet. Wir sehen von hier aus in das Innere des Kegels hinein – so wie in einen spitzen Hut. Was wir sehen, sind die Wände des Kegels – denn der Kegel ist hohl. Welchen Zweck dieser kleine Südpolmond hat, ist uns bisher noch nicht begreiflich, ebenso wenig wissen wir, ob diesem Südpolmonde ein Nordpolmond entspricht, da wir ja den Nordpol leider immer noch nicht entdeckt haben.‹

Da wurde ich etwas heftig und sagte:

›Wir können doch wahrlich damit zufrieden sein, daß wir auf diese Weise den Südpol entdeckt haben. Ich dächte, wir hätten damit vorläufig für die nächsten Jahrhunderte genug entdeckt. Man darf doch nicht unersättlich in seinem Entdeckungseifer werden.‹

Da versetzte mir aber der Professor lächelnd:

›Mein lieber Herr, man darf sich aber auch nicht zimperlich anstellen, wenn ganz neue, große Weltgegenden uns offenbar werden. Ich halte es durchaus nicht für richtig, jetzt so bescheiden zu sein. Blicken Sie zunächst mal in die Tiefe und sagen Sie mir, was Sie da sehen.‹

Ich blickte hinab und sah ein Wogen und Funkeln und ein fortwährendes Fluten von Linien und Formen und immerzu neue Farben, die sich veränderten und vermischten.

›Das ist das Innere der Erde!‹ rief ich begeistert aus.

›Das ist es‹, erwiderte mein Professor, ›aber glauben Sie, daß wir das mit unsern Teleskopen nicht untersuchen dürfen? Wir dürfen es, denn bei der Aufstellung der Teleskope wurden wir nicht behindert – im Gegenteil! Abermals haben uns wieder die Polypenarme der Götter an die Stellen gesetzt, die für Aufstellung von Teleskopen am besten geeignet sind. Wir sind infolgedessen zum Bau einer großen Rundbahn veranlaßt worden – die befindet sich aber erst in den ersten Stadien. Wir werden später Teleskope für das Erdinnere und auch solche für den Südmond haben. Und jetzt blicken Sie noch einmal zu den Wänden dieses riesigen Talkessels empor.‹

Ich tat es und war ganz sprachlos.

Da sah ich ringsum an den Talwänden Riesenleiber, die sich oben über den Kesselrand emporreckten. Ringsum – der ganze Trichterrand – zeigte viele Riesen – die aber waren ganz unbeschreiblich.

Die Riesen hatten Kometenformen an den Köpfen und leuchtende Armglieder, und alle diese feurigen Gliedmaßen reckten sich, was ich so lange noch nicht gesehen hatte, plötzlich hoch empor – und da entstanden Nordlichter ringsum.

›Sehen Sie, mein Herr‹, sagte mein Professor, ›die echten Südpolgeister. Und die kometenartigen protuberanzenartigen Feuerbildungen, die Sie an Nordlichter oder Südlichter erinnern – sind mit diesen zweifellos identisch. Wohl ist es wahrscheinlich, daß auch am Nordpol ähnliche Riesen die Nordlichter erzeugen – wie hier die Südlichter – wohl haben wir anzunehmen, daß auch dort hinter den Eisbergen des Nordpols das Erdinnere mit seinen Erdriesen sichtbar wird – aber wir wissen es nicht.‹

Ich setzte mich auf einen Feldstuhl und blickte hinauf – zu den unbeschreiblich großartigen Gestalten.

Und der Professor fuhrt fort:

›Wir müssen annehmen, daß die Kopfbildungen dieser Erdgeister, die sich hier am Rande des Südpoltrichters zeigen, aus Substanzen bestehen, die wir noch nicht kennen. Es zeigen sich da oben magnetische und elektrische Lichtwunder in so großer Zahl, daß wir noch nicht klug daraus werden. Sehr viele australische Gelehrte neigen zu der Ansicht, daß diese Riesen den Protuberanzen der Sonne ähnlich sind. Wie diese können unsre Trichterriesen mit ihren Köpfen, an denen man Nasen und Augen noch nicht entdeckt hat, sehr fix zu riesigen Höhen emporgelangen. Kurzum: wir habens hier sowohl wie in den Protuberanzen der Sonne mit materiellen Erscheinungen nicht mehr zu tun. Jedenfalls dürfen wir dabei nicht an das Materielle im gewöhnlichen Erdrindensinne denken. Diese Südpolriesen recken ihre Arme sehr oft zu dem Südpolmonde empor, und wir müssen daher annehmen, daß dieser Südpolmond, der übrigens sehr hoch in den Weltraum hinaufreicht, ganz innig mit den hier unten sichtbaren Riesen verwandt ist. Vielleicht bestehen die Wände dieses Kegelmondes auch nur aus solchen Riesen, wie wir sie hier sehen. Doch hierüber wissen wir nichts Genaueres, da die teleskopischen Untersuchungen noch nicht abgeschlossen sind.‹ «

Nach diesen Worten stand der Baron Münchhausen auf, verbeugte sich vor den Versammelten, die ganz still dasaßen, und ging hastig zur Türe hinaus.

Und als der alte Graf vom Rabenstein dem Baron folgte, war dieser schon fort; er fuhr in seinem Automobilschlitten sehr schnell im Vollmondschein durch den Grunewald – ostwärts.

Der Sonnabend

Die Gräfin Clarissa ging am Sonnabend in ihrem Zimmer langsam auf und ab.

Ihr Kammermädchen stand am Fenster und blickte hinaus; draußen war Tauwetter.

»Das ist mehr«, sagte schließlich die Gräfin, »als ich erwartet habe. Jetzt habe ich beinahe Furcht. Ich bin nicht mehr so sicher wie vor acht Tagen. Der alte Herr hat zu viel erlebt. Und ich habe zu wenig erlebt. Das paßt nicht gut zusammen. Jetzt schmerzt mich auch meine verstauchte Hand.«

»Das liegt am Tauwetter!« rief das Kammermädchen sehr laut.

Und sie erneuerte darauf den Verband der Gräfin, während diese mit großen Augen zu dem Bilde des alten Münchhausen hinaufblickte, der über dem großen Spiegel auf einer Kanonenkugel ritt.

Es war noch nicht zwölf Uhr.

Aber da ward es unten im Hause sehr laut; die Gäste, die alle Tage erst des Abends ankamen, erschienen heute schon zum Frühstück.

Und der alte Münchhausen kam auch zum Frühstück.

»Clarissa«, rief er, als er sie sah, »Du siehst ja so traurig aus. Man darf aber nicht traurig aussehen; das schickt sich nicht.«

»Verzeih mir, lieber Münch!« erwiderte die Clarissa.

Der Baron aber sagte sehr lebhaft zur ganzen Gesellschaft gewandt:

»Meine Damen und Herren, wenn Sie meinen schlichten Erzählungen aufmerksam folgten, so werden Sie sich auch über die Musik, die in Melbourne komponiert wird, nicht mehr wundern. Man versucht dort nämlich so zu komponieren, daß der Zuhörer die Empfindung bekommt, Töne aus anderen fernen Geisterwelten zu hören; in Melbourne ist auch für die Musik das irdische Menschenleben nicht mehr ein führender Faktor. Die Musik soll eben ebenfalls zu einer Sprache fremder Welten gemacht werden. Leider kann ich Ihnen das nicht weiter illustrieren, da ich Ihnen mit meinen alten Händen nichts vorspielen kann; die sind in den hundertundachtzig Jahren so steif geworden, daß mit ihnen nichts mehr anzufangen ist.«

Natürlich bedauerten das alle Anwesenden sehr lebhaft, aber der alte Baron fuhr gleich darauf folgendermaßen fort:

»Wir kommen nun zu einem sehr schwierigen Thema: zu dem literarischen! Daß die Melbourne-Literatur nicht mehr das Bestreben hat, menschliche Zustände zu schildern, das brauche ich wohl nicht mehr feierlich auszusprechen; es versteht sich nach dem bislang Erzählten von selbst. Da sich die bildende Kunst fast ausschließlich dem Außerirdischen gewidmet hatte, so folgte die Literatur auch auf diesem Wege und schuf Werke, die das Leben auf anderen Sternen schildern. Aber die Literatur ging auch hier wieder gleich weiter und führte uns die ›lebenden‹ Sterne vor – nicht nur das, was auf und in den Sternen lebt. Wir finden in Melbourne eine lange Reihe von Romanen, die sich im Andromeda-Nebel entwickeln und uns dort Sterne vorführen in seltsamsten Formen – und diese Sterne führen ein eigenes Leben und stehen zu großen Sonnen in Beziehungen, und die Sonnen sind dort nicht mehr rund wie bei uns. Andrerseits wird auch unsre Erdensonne in die Literatur als selbständig denkendes Lebewesen eingeführt. Daß irgendein Stern ein totes dummes unorganisches Ding sein könnte – daran denkt in Melbourne wahrhaftig Niemand mehr; das wäre ja auch zum Lachen, wenn man das Größere so ohne Weiteres für das Dümmere halten wollte. Die Literatur steht also in Melbourne im innigsten Zusammenhange mit der bildenden Kunst; hier wie dort will man das Neue um jeden Preis. Mir formalistischen Sachen hält man sich darum in Melbourne nicht mehr viel auf; der Inhalt ist ja überall zu gewaltig. Es werden demnach in Australien nicht viele Verse geschrieben, und die ästhetischen Erörterungen sind von robuster Kürze: man will eben überall nur das Neue haben und fragt zunächst nicht viel danach, obs auch nach allen Seiten vollendet ausgebildet ist; dieses robuste Vorgehen der Dichter hat mich sehr sympathisch berührt, obschon einige Bildhauer behaupten wollten, daß man in der Literatur doch bald vorsichtiger vorgehen sollte. Na – ich glaube – die Vorsicht kommt mit dem Alter immer noch zeitig genug; das mutige Drauflosgehen ist doch in allen Dingen die Hauptsache, da ohne dieses gemeinhin garnichts geschieht und Alles stillsteht. Ja – das alte Stillstehen – ich kanns trotz meiner hundertundachtzig Jahre immer noch nicht begreifen.«

Hiernach redeten Alle durcheinander von der großen Bewegungslust unsrer Zeit, in der das Automobil überall an der Spitze ist.

»Wenn nur nicht«, meinte da die alte Gräfin Adolfine vom Rabenstein, »grade das Automobil, das so oft als Symbol der Bewegungslust bezeichnet wird, in unsre geistige Bewegung einen Stillstand hineingebracht hätte.«

»Zweifellos ist das so«, sagte Münchhausen, »aber das ist doch nur für den Augenblick so; in Australien ist die Ruhepause im geistigen Leben bereits überwunden und hat dort eine neue geistige Beweglichkeit erzeugt, die doch wieder alles gutmacht. Eine zu starke Bewegung nach der einen Seite hat immer ein Zurückbleiben auf der anderen Seite zur Folge. Aber das gleicht sich alles bald wieder aus. Sehen Sie nur diese Melbourne-Literatur an! Man sagte dort unten sehr bald, daß man sich vor dem rein Äußerlichen der neuen Kunst sehr zu hüten hätte – und begann sofort eine rein innerliche Literatur nebenbei zu erzeugen; mit bewunderungswürdiger Beweglichkeit ging man gleich weiter als die bildende Kunst und sagte sich, daß die allerfeinsten Beziehungen der Lebewesen untereinander auch unabhängig von aller äußerlichen Gestalt behandelt werden könnten – und daß man auch die Beziehungen feinster geistiger Menschen untereinander so reich und prickelnd darstellen könnte – wie die Beziehungen großer Sonnen untereinander. Kurzum: man glaubte, daß das Allerkomplizierteste auch in die rein menschliche Sphäre gesetzt werden könnte. Selbstverständlich dachte man dabei nicht an alte Potentaten – sondern an die Menschen, die durch außerordentliche Weiterentwicklung wirklich hervorragende Lebewesen geworden sind. Nun ging man aber natürlich nicht den daseienden Menschen nach – sondern denen, die mal da sein könnten. Die Literatur mußte somit auch auf diesem Wege den Zusammenhang mit der Wirklichkeit aufgeben; die Menschen, die die Melbourne-Liteatur uns vorführt, sind nur noch dem Äußeren nach, das nicht weiter geschildert wird, sogenannte Menschen – innerlich sind diese Menschen viel mehr als Menschen.«

Hier sagte die Clarissa:

»Davon müssen wir jetzt aber mehr hören.«

Der Baron lächelte und sprach weiter:

»Was sich das einzelne Lebewesen selber geben kann, ist immer nur ein kleines Stück gegenüber dem, was sich die Lebewesen untereinander in Wechselwirkung geben können. Doch dieses trifft natürlich nur dann zu, wenn wir von Lebewesen sprechen, die Schaffende im besten Sinne des Wortes sind – sonst kann selbstredend ein Schaffender allein sich selber viel mehr geben – als Billionen Nichtschaffende mit dem Schaffenden zusammen untereinander – da jene diesen irritieren und herunterziehen. Nun ist es für die Melbourne-Literatur ein Kardinalthema, zu zeigen, wie sich Schaffende gegenseitig günstig zu beeinflussen vermögen. Zu dieser Beeinflussung ist natürlich ein Zusammenleben nicht notwendig – ja man erklärt sogar, daß das Zusammenleben in den meisten Fällen störend ist, da durch dieses die Originalität der Einzelnen zu heftig bedrängt wird. Andre sagen aber, daß ein zeitweiliges Zusammenleben auch sehr förderlich sein könnte. Die Hauptsache bleibt natürlich, derartige Wechselwirkungen an deutlichen Beispielen vorzuführen. Und das ergibt nun die kompliziertesten Künstlerromane. Daß in diesen das sexuale Element kaum gestreift wird, werden Sie, meine Damen und Herren, ja nur als gerechtfertigt empfinden – da ja die plummpen Annäherungsversuche, die wir zwischen den männlichen und weiblichen Lebewesen auf der Erdrinde konstatieren dürfen oder konstatieren müssen, nur der Fortpflanzung dienstbar und mit feineren geistigen Elementen gleichsam nur überzuckert sind. Kratzen wir den Zucker des Geistigen vom Sexualen runter, so hat dieses keine weiteren Reizmittel. Und wir tun daher gut, wenn wir diesen Zucker mit den andern Süßigkeiten der geistigen Existenzsphäre vermischen und das Sexuale zu vergessen suchen.«

»Bravo!« rief da die Clarissa.

Und die andern Anwesenden riefen auch »Bravo!«

»Nun möchte ich aber doch«, fuhr die Clarissa fort, »ein kleines Bild von dem Zusammenwirken und Zusammenleben der schaffenden Geister haben. Du erzählst heute so trocken, lieber Münch. Dürfte ich Dich nicht mal für ein paar Augenblicke allein sprechen? Vielleicht käme dann etwas mehr Leben in die interessante Geschichte vom Zusammenwirken und Zusammenleben.«

Darauf gingen die Beiden ins Liqueurzimmer.

Im Liqueurzimmer waren sie ganz allein, und die Clarissa sagte hastig:

»Münch, Du hast vorhin gesagt, daß zwei schöpferische Menschen in Melbourne nicht zusammenleben – oder so ähnlich sprachst Du; willst Du damit sagen, daß wir eigentlich vom nächsten Montag ab auch nicht zusammen leben können?«

»Sind wir«, erwiderte darauf der alte Herr, »zwei schöpferische Naturen? Ich erzähle doch nur von Dingen, die ich erlebt habe, biete nur ein einfaches Tatsachenmaterial; denkst Du denn, liebe Clarissa, ich hätte mir alle meine Ausstellungsgeschichten nur so zusammengedacht?«

»Nein! Nein!« rief die Clarissa.

»Also«, versetzte lächelnd der Baron, »bist Du beruhigt. Alles wird so arrangiert, wie wirs abgemacht haben, nicht wahr?«

»Ja! Ja!« rief die Clarissa. Und sie tranken schnell zwei Glas Chartreuse auf das Wohl des kommenden Montags.

Und dann kehrten sie Arm in Arm zur Gesellschaft zurück, und der alte Herr fuhr fort:

»Daß die Kunst in Melbourne nicht im rein Äußerlichen versinkt, dafür sorgt schon die Literatur; das Thema von den Beziehungen der Lebewesen untereinander – was sie verbindet und wieder trennt – das muß ja mit allen nur denkbaren Intimitäten ausgestattet werden – und das zwingt natürlich immer wieder zur allerstärksten Innerlichkeit. Stellen Sie sich die Beziehungen von vielen Blütenwesen zu dem ganzen Baumwesen vor – auf andern Sternen – aber analog dem Pflanzencharakter unsrer Erdrinde – welche Perspektiven von entzückenden Zusammenklängen tun sich da vor uns auf. Andrerseits führt man uns in Melbourne auch Geschichten vor, in denen sich ein feineres Wesen mit vielen banalen zusammenschließt – und durch die Überwindung der Banalitäten neue Kräfte in sich erzeugt. Wir sehen dann auch, wie eine Fülle von Mißverständnissen einer großen Sache neue Seiten gibt – wie ein bewegter Wasserspiegel die oberen Bilder wohl verzerrt, aber auch gleichzeitig interessanter macht. Ein Hauptthema bleibt natürlich immer das Zusammenkommen, Zusammenbleiben oder Voneinandergehen zweier oder mehrerer Schaffenden – wie dadurch diesen Alles in neue Beleuchtung gerückt wird – und wie sie durch ein derartiges Intermezzo wieder neuen Schwung und neue Schaffenskraft empfangen. Dabei wird natürlich sehr eifrig beleuchtet, wie sich Schöpfertum und Entwicklungstum öfters feindselig gegenüberstehen und dann wieder freundlich Hand in Hand gehen. Es ist den Künstlern in Melbourne durchaus nicht so ohne Weiteres klar, daß der Schaffende tatsächlich eine selbständige Natur ist – man nimmt zumeist an, daß andre Geistersphären die Entwicklung des Schaffenden leiten – und daß das ganze Selbstbewußtsein des Schaffenden vielleicht nur ein köstlicher Traum sein könnte.«

»Aha«, rief die Clarissa aus, »jetzt mußt Du von den Geistersphären erzählen.«

»Liebe Clarissa«, sagte dazu der Baron, »daß Du immer nur das Allerschwierigste haben willst, spricht ja für Deinen sehr gut gebildeten Geschmack. Aber vergiß dabei nicht, daß man sich mit allzu scharfem Paprika sehr leicht den Magen und auch das Gemüt verderben kann. Natürlich bringt die Melbourne-Literatur auch Geschichten, die weit über die gewöhnliche Gespenstersphäre hinausgehen und uns Dinge sagen, in denen das Unerhörte und das

Haarsträubende stecken. Da man mit den gewöhnlichen spiritistischen Phänomenen literarisch nicht allzuviel anfangen kann, so macht man sie natürlich interessanter, indem man sie verändert. Da bekommen wir dann die *Über*medien, die neuen Odsphären und so weiter. Da wird natürlich an den schweren Pforten der Natur mächtig gerüttelt. Und schließlich sehen wir prächtige Sachen – die aber doch nur Paprikawert haben, solange sie sich nicht in die Sphäre der allergründlichsten Deutlichkeit rücken lassen. Wer zu viel haben will, bekommt am Ende garnichts – oder ein Ding, mit dem er nichts anzufangen weiß.«

Hiernach sagte der Baron ganz leise zur Gräfin Adolfine vom Rabenstein, daß er Hunger verspüre.

Da wurde denn sofort an kleinen Tischen gefrühstückt, und das Gespräch drehte sich um die kulinarischen Genüsse und um die Behaglichkeit.

»Ach«, sagte der Baron, »gehen Sie mir mit der Behaglichkeit ab, die führt zu nichts; sie ist ganz nett nach großen Taten, aber sonst so schwer wie Blei – oder wie Gold. So was Schweres gibt keine Flugkraft. Man muß die träge Behaglichkeit ebenso zu vermeiden trachten – wie man die allzu komplizierten Empfindungssphären zu vermeiden trachtet. Deshalb hat man auch in Melbourne eine große Abneigung gegen das Zuweitgehen der *Über*spiritisten, die immer gleich den Kern des Kerns sehen wollen. Wenn man die äußeren Erscheinungen längere Zeit hindurch ganz außer acht läßt und nur das Wesentliche – nur das Innerlichste – haben möchte, so kanns einem passieren, daß man so zerstreut wird, daß man plötzlich garnichts mehr hat und ganz idiotisch dreinschaut, als wenn überall nur ein ödes Einerlei existiere. Wenns uns mal auch so geht, so müssen wir gleich wieder zum Handgreiflichen greifen und uns sagen, daß der Weg zum Allerfeinsten keine grade Linie ist.«

»Wie stellt sich«, fragte nun die Clarissa, »die Literatur zur Philosophie und Religion?«

»Das ist ja«, erwiderte der alte Herr lachend, »das Allerschwierigste; sie kann sichs doch nicht abgewöhnen, nach dem Paprika zu verlangen. Na – gleich sollst Du haben, was Du willst. Ich wollte zum Vorigen nur noch bemerken, daß das astrale Außerirdische für die Literatur immer noch als das Solideste erscheint. Bringt man auf andern Sternen Wesen mit andern Organen – oder bringt man diese Sterne mit den andern Organen – so ergibt sich durch diese das neue Weltbild ganz von selbst – und man arbeitet mit festen bestimmten Faktoren – und schwebt nicht im ermüdenden Ahnungsreiche. Na natürlich, liebe Clarissa, ich weiß ja schon, was Du sagen willst: den Dichtern und Künstlern paßt es natürlich nicht, immerzu nach dem Einfachen, Erreichbaren zu streben. Das weiß ich. Und daher spielt natürlich alles Religiöse auch eine große Rolle in der Melbourne-Literatur – und das Philosophische desgleichen.«

»Rede doch erst vom Philosophischen!« rief die Clarissa lebhaft.

»Vollendeter Optimismus«, sagte der Baron, »herrscht im philosophischen Teile der Melbourne-Literatur. Die unerschöpfliche Fülle von Großartigkeit wird einerseits überall nachgewiesen – und andrerseits wird nachgewiesen, daß das, was kläglich zu sein scheint, es von höheren Gesichtspunkten aus nicht ist. Und dann wird überall auf die Bedeutung der Erkenntnistheorie hingewiesen, die uns lehrt, daß das, was wir als Wirklichkeit anzusehen gewohnt waren, nur eine *Schein*existenz hat – und daß dieser *einen* Scheinexistenz noch unzählige andere im großen Weltleben folgen. Das wird schon in den Volksschulen gelehrt.«

Da sagte die alte Gräfin Adolfine vom Rabenstein:

»Lieber Münchhausen, es ist aber nicht richtig, daß Du Dich derartig anstrengst. Du kannst Dir doch so leicht schaden. Man merkt Dir zuweilen eine kleine Ermüdung an, und das ist ja bei Deinen hundertundachtzig Jahren nicht verwunderlich.«

»Oho«, erwiderte Münchhausen, »wenn ich ein wenig müde aussehe, so hat das einen natürlichen Grund; das meiste von dem, was ich erzähle, ist mir derartig in Fleisch und Blut übergegangen, daß ich garnicht mehr darüber reden mag, da ichs für selbstverständlich halte. Es ist ohne Frage nicht anders zu machen: was ich für selbstverständlich halte, kann ich nicht mit den glühenden Augen der Begeisterung vortragen, wenns auch an sich sehr großartig ist. Nehmen Sie mirs nichts übel, meine Damen und Herren, aber mir muß nach dem, was ich in Australien erlebte, doch hier in Europa stets so zumute sein, als wenn ich in einer Kinderstube sitze und artigen Mädchen und Knaben lustige Märchen erzähle. Es lebe Melbourne! Stoßen wir an!«

Da stießen alle Anwesenden mit ihren Gläsern zusammen und tranken dem Baron zu und sangen schließlich auf Clarissas Wunsch die australische Nationalhymne »*Melbourne! Melbourne über alles – über alles auf der Welt.*«

Danach ward es sehr lustig in der Villa des Grafen vom Rabenstein, und es ließ sich auch beim Diner, das dem Frühstück gleich folgte, lange Zeit kein vernünftiges Gespräch zustande bringen, da sich alle in einer seltsamen Ekstase befanden.

Aber als der Kaffee herumgereicht wurde, fuhr der alte Baron in seinen Erzählungen fort und sagte heftig, während Alle gleich mäuschenstill waren:

»Ich kanns mir ja denken, daß mich manche Leute heute nicht mehr für so unterhaltend erklären werden, wies einst die Leute im achtzehnten Jahrhundert taten. Aber das rührt mich nicht, denn ich weiß ganz bestimmt, daß ich heute viel großartigere Geschichten erzählen kann als damals. Meine liebe Clarissa wollte vorhin auch etwas von dem religiösen Element in der australischen Literatur hören. Nun – das ist sehr einfach gesagt: man spricht selbstverständlich niemals von einem *Allgott* – aus religiöser Scheu – indem man erklärt, daß die Welt viel zu groß sei, um über das zu reden, was sie als Ganzes zusammenhält – der nach allen Seiten unendliche Himmelsraum ist ja zudem nur eine einzige Erscheinungsform der Welt, der ja unendlich viele andre Erscheinungsformen in andern Sphären entsprechen könnten. Wie man derartigen Großartigkeiten gegenüber eine einfache Bezeichnung wie ›Gott‹ gegenüberstellen kann, begreift man in Melbourne nicht mehr. Man begreift aber sehr wohl, daß wir alle das Bedürfnis haben, vor der Großartigkeit der Welt in glühender Begeisterung zu knieen. Und dieses kann man in Melbourne in prächtigen Tempeln, in denen aber nicht gepredigt wird; man hört nur zuweilen eine wundervolle Musik in diesen Tempeln. Priester im europäischen und asiatischen Sinne gibts in Australien nicht, da man überall das Heiligste, was man empfinden kann, doch nur in den Werken der Literatur findet. Und da spricht man viel von dem großen Unbekannten – und von den großen Geistern in den weiter ab gelegenen Weltsphären – und auch von den sichtbaren Höhlengeistern der Tiefe. Aber alle diese großen Dinge werden mit einer so großen religiösen Scheu behandelt, daß man nur sagen könnte, man lese und schreibe davon – aber man spreche nicht davon. Es gibt in den Tempeln natürlich Tempeldiener, die aber nur für das Äußerliche zu sorgen haben. Gesprochen darf in den Tempeln nicht werden, hineinkommen kann man immer – auch in der Nacht. Aber etwas, das unserm Gottesdienste entspräche, gibt es in diesen Tempeln nicht – sie wirken allein durch ihre erhabene Architektur und durch die große Stille, die nur von Zeit zu Zeit von feiner Orchester- und Orgelmusik unterbrochen wird. Nicht einmal Gesangsstimmen dürfen hörbar werden in diesen Tempeln. Ein paar großartige kosmische Gemälde und Skulpturen sind zuweilen in den Tempeln zu sehen – aber das Sichtbarzumachende wird immer seltener gezeigt, da es nicht in Einklang mit den überwältigenden Gefühlen der Weltverehrung zu bringen ist, wenn zu oft auf Einzelnes und Bestimmtes hingewiesen wird. *Eine Religion des Großen Schweigens* haben wir in Melbourne. Und wenn davon auch viel in die Literatur übergeht, so kann man doch sagen, daß dort das Schweigen wirklich nicht zum Geschwätz wird. Man kann ja auch über die erhabensten Dinge so reden, daß es sich anhört, als spräche man mit einer nicht hörbar zu machenden Stimme.«

Der Gesellschaft wurde nach diesen Worten sehr feierlich zumute, und man wagte während der nächsten Minuten nicht eine Silbe zu sprechen.

Dann aber unterbrach der alte Graf Adolf vom Rabenstein das große Schweigen, indem er sagte:

»Wir wollen doch nicht den ganzen Abend schweigen. Ich erkläre, daß meine Villa kein Melbourne-Tempel ist.«

Da lächelte der Baron, und da lächelten auch die Gäste des alten Grafen.

Und dann sprach man weiter, doch es wollte mit den Gesprächen garnicht recht vorwärts kommen.

Schließlich meinte die Gräfin Clarissa:

»Münch, Du hast uns noch nichts vom Theater erzählt.«

»Richtig«, sagte Münchhausen, »das hätte ich beinahe vergessen. Die Geschichte ist natürlich sehr einfach. Die Theaterkunst ist eine Kunst wie die anderen Künste; ihr Darstellungsmaterial besteht aus agierenden Menschen und der dekorativen scenischen Umgebung. Diese kann nun aus einfachen drei Wänden bestehen – oder sie kann der Scenerie auf fernen Sternwelten entsprechen. Das erstere ergibt das rein-seelische, psychologische Tiefsinnsdrama, das man ja in Melbourne momentan nicht ›allzu‹ gerne sieht – die andere scenische Umgebung mit der naturalistischen Scenerie, die wir auf fernen unbekannten Sternwelten finden, zwingt natürlich den Schauspieldichter, im Geschmacke der australischen Bildhauerkunst und Malerei vorzugehen. Von dieser erzähle ich Ihnen morgen, jene aber kennen Sie bereits – und somit wird Ihnen das, was die sogenannte Theaterkunst in Melbourne liefern kann, wohl so ziemlich klar sein. Die Theaterkunst ist dort natürlich nur ein Stück der Literatur. Man will natürlich auch in Melbourne auf dem Theater ganz besonders die Entwicklung oder die logische Veränderung der einzelnen Lebewesen in raschen Bildern verfolgen. Auch der Dramatiker geht dort dem Geschmacke seiner Zeit nach und bringt das Neue in ähnlicher Form wie die anderen Künste. Nur noch eines möchte ich über die äußere Form der Bühne sagen: in Europa ist die Bühne des zwanzigsten Jahrhunderts aus der französischen Bühne des achtzehnten Jahrhunderts hervorgegangen, und in diesem liebte man die effektvollen äußeren Perspektiven – daher die schräggestellten Seitenkulissen. In Melbourne hat man natürlich das Bestreben, die Erinnerung an das achtzehnte Jahrhundert wegzuwischen – man spielt also nur vor einfachen rechtwinkligen Wänden – oder vor vollen Landschaften, die wie Panoramen rechts und links und nach oben und auch zuweilen nach unten weitergehen. Der sogenannte Bühnenboden fehlt sehr häufig, da in sehr vielen Stücken nur schwebende Gestalten erscheinen. Aber heute muß ich früher nach Berlin. Es ist zwar erst sieben Uhr – doch ich kann nicht anders.«

Der Baron stand auf und verbeugte sich. Alle standen ebenfalls auf und bedauerten sein Fortgehen.

»Wo warst Du«, rief da die Clarissa, »heute morgen? Das hast Du uns noch nicht erzählt.«

»Beim Kultusminister«, erwiderte der uralte Münchhausen, »er hat mir versprochen, die Erkenntnistheorie in den Volksschulen lehren zu lassen, und in den höheren Schulen soll der Kunstunterricht dem Turnunterricht gleichgestellt werden.«

»Ah!« riefen da Alle ganz laut.

Da küßte der Baron der Clarissa die Hand, und dann fuhr er von dannen.

An diesem Sonnabend fuhr der Baron aber nicht auf seinen Schlittenschienen, sondern auf seinen Rädern, da es Tauwetter war.

Der Sonntag

»Erinnerungen«, sagte sonntags der Baron, »haben eine seltsame Eigenschaft: sie teilen unser Ich, sodaß man glaubt, ein Andrer hätte das erlebt, was wir erlebt haben – und das Ich, das von unsern Erlebnissen erzählt, wäre ein ganz andrer Mensch. Obs Ihnen schon so vorgekommen ist, weiß ich nicht. Aber daß es mir so vorkommt, das weiß ich. Und das stimmt recht sonderbar: man glaubt, wenn man eine ganze Woche hindurch alte Erinnerungen ausgekramt hat, plötzlich an die Doppelnatur des Menschen. Aber das Weitere davon will ich Ihnen nachher erzählen. Grade der erste Sonntag, den ich in der Weltausstellung Australiens verleben durfte, hat mir auch die Doppelnatur des Menschen zum lebhaften Bewußtsein gebracht. Doch davon, wie gesagt, nachher! Der Sonntag war in Melbourne der Tag der Maler. Nun dürfen Sie dabei natürlich nicht an europäische Kunstausstellungen denken. Die meisten Maler wohnen auf dem Ausstellungsterrain; viele wohnen oben auf den neun Bergen, einige wohnen auch in den Turmgebäuden, die in der Mitte des Sees erbaut sind. Die größten Maler wohnen aber im Innern der neun Berge, die derartig ausgehöhlt und durchwühlt sind, daß man sie eigentlich garnicht mehr Berge nennen darf. Jedes Atelier hat verschiedene Nebenräume, in denen so viele Zeichnungen und Bilder ausgestellt sind, daß der Ausstellungsbesucher ein ziemlich vollkommenes Bild von der Bedeutung des einzelnen Künstlers empfängt. Clarissa, gib mir einen Cognac!«

Eine Pause entstand, die Clarissa ging ins Liqueurzimmer und brachte den Cognac. Der Baron kratzte sich die linke Wange und sagte ganz leise:

»So hab ichs doch nicht gemeint; ich dachte, Du würdest einem Diener einen Wink geben.«

»Bist Du ovationsmüde?« fragte die Clarissa.

Und da lachte der Baron, trank den Cognac und sagte mit heller Stimme:

»Liebe Clarissa, ich bin überhaupt niemals müde; ich verstehe nicht, wie Du von Müdigkeit reden kannst.«

Und dazu lachte er sehr laut, und die ganze Gesellschaft lachte mit.

Münchhausen fuhr jedoch gleich also in seiner Erzählung fort:

»Jeder Maler stellt in seinen Ausstellungsräumen auch gleich ein paar hundert Photographieen aus und bemerkt bei den einzelnen Photographieen, in welcher Richtung sie seine Kunst beeinflußt haben. Das werden die versammelten Damen und Herren sehr merkwürdig finden, ist es aber garnicht, da es ja in der Melbourne-Kunst einfach verpönt ist, die Naturbilder noch einmal zu malen;

die Nachmalerei gibts in Melbourne nicht mehr – und der Impressionismus ist dort bereits vollkommen überwunden. Der australische Maler geht der Natur gegenüber ganz anders vor; er bemüht sich nicht einmal in den ersten Anfängen seiner Kunst, dem in der Natur Daseienden auf Papier und Leinwand gerecht zu werden. Dabei meint der Australier nicht, daß die Natur etwas Minderwertiges sei – keineswegs! Jedoch er ist der Meinung, daß das Nachmalen die Phantasie zerstört und doch gar keinen Zweck hat, da man ja zum Nachmachen die photographischen Apparate besitzt und diese doch etwas schneller arbeiten als Pinsel und Blei. Die hübsche Ästhetik des Impressionismus ist dem robusten Australier nicht angenehm; er versteht es einfach nicht, wie man hinter die Natur kommen will, indem man sie immerfort anstarrt und ihr immerfort nachgeht. Der australische Maler glaubt, daß er hinter das Wesentliche der Natur viel schneller kommt, wenn er die einzelnen Stücke der Natur voneinander trennt und sie nachher wieder in andrer Art zusammenbringt. Schaffen heißt für den Australier: Neues schaffen! Und Neues schaffen kann er nach seiner Meinung nur, wenn er die vorhandenen Naturbilder zerlegt – und mit den zerlegten Stücken neue – ganz neue – Bilder schafft. Schaffen ist eben ›komponieren‹. Und man komponiert in Melbourne nicht nur in der Musik – man komponiert dort in *allen* Künsten. Sie glauben garnicht, wie komisch mich das berührt, daß ich Ihnen das hier auseinandersetze; mir ist das alles schon so in Fleisch und Blut übergegangen, daß es mir sehr schwer fällt, mir vorzustellen, andre Menschen könnten anders denken.«

Hierauf rauchte der Baron so heftig, daß sich eine große blaue Wolke über ihm bildete.

Und dann sprach man vom Tauwetter und von der Politik, von der Berliner Möbelfabrikation und von anderen künstlerischen und ästhetischen Angelegenheiten.

Und dazwischen fragte eine alte Dame:

»Sagen Sie bloß, verehrter Herr Baron, wie ist es nur möglich gewesen, daß man in Europa von all dieser großen Melbourne-Kunst keine Ahnung hatte?«

»Melbourne liegt«, versetzte der alte Münchhausen ernst und mit gerunzelter Stirn, »sehr weitab von Europa. Und dann vergessen Sie nicht, daß die europäischen Journalisten nicht so gerne was Neues in ihren Zeitungen bringen, da sie ein großes Schamgefühl besitzen.«

»Wie meinen Sie das? Wie ist das zu verstehen?« riefen nun viele Stimmen durcheinander.

»Sehr einfach«, gab der Baron zurück, »die europäischen Journalisten schämen sich, daß sie nicht selber dieses Künstlereldorado erfunden haben.«

»Aber Münch«, rief nun die Clarissa mit hoch erhobenen Armen, »das hört sich ja so an, als wenn Du die ganze Melbourne-Kunst ›erfunden‹ hättest.«

»Possen!« versetzte sehr ärgerlich der alte Münchhausen, »wie kannst Du mir so was bei meinen hundertundachtzig Jahren zutrauen. Die Journalisten ›erfinden‹ immer sehr gerne; ich aber bin doch kein Journalist. Die europäischen Journalisten müssen sich doch ärgern, wenn durch die veritablen Tatsachen, die in Melbourne schlechterdings da sind, alle andern Zeitungsgeschichten übertrumpft und in den Schatten gestellt werden. Und sehen die Herren nun ein, daß das veritable Melbourne alles Andre übertrumpft, so schämen sie sich natürlich, daß sie nicht schon vorher an andrer Stelle ein andres Melbourne – ein anderes Künstlereldorado – ›erfunden‹ haben. So ist die Sache doch ganz plausibel. Ich verstehe nicht, liebe Clarissa, wie Du es wagen kannst, an meiner Wahrhaftigkeit zu zweifeln. Das geht doch über die Hutschnur.«

Da sank die Gräfin Clarissa vor dem alten Baron Münchhausen auf beide Kniee und rief schluchzend:

»Verzeih mir, Münch! Verzeih mir, Münch! Ich hab ja garnicht an Deiner Wahrhaftigkeit gezweifelt. Verzeih mir! Oder – wenn Du mir nicht verzeihst, so weiß ich nicht, was ich tu!«

»Du!« rief da lachend der alte Herr, indem er die Knieende aufhob, »Du darfst doch nicht vor mir knieen. Ich bin dir ja niemals böse gewesen. Du hast den Tonfall meiner Worte nicht beachtet.«

»Ach so!« sagte da leise die Clarissa, wischte sich zwei Tränen aus ihren zwei Augen und lächelte.

Und dann ging man zu Tisch.

An diesem Sonntag gabs ein Diner von dreiunddreißig Gängen – auf ganz kleinen Tellern – in chinesischer Art serviert.

Das Diner war einfach köstlich.

Und der Baron lobte jeden neuen Gang – und besonders die chinesische Art der Zubereitung.

»Schrecklich bequem«, sagte er, »ist es, wenn man alles mit Löffeln essen kann; dieses Essen mit Messern und Gabeln konnte sich wirklich auch nur in Europa einbürgern.«

»Ißt man in Australien«, fragte nun ein alter Herr, »auch nicht mehr mit Gabeln?«

Der Baron sah den Alten erstaunt an, räusperte sich verlegen und sagte danach:

»Doch! Man ißt in Australien immer noch mit Gabeln; ich glaube, das ist die einzige europäische Sitte, die sich in Australien noch erhalten hat. Na – die wird ja auch bald aussterben.«

Hiernach war der Baron etwas mißgestimmt.

Und das merkten bald Alle.

Und die Mißstimmung Münchhausens übertrug sich auf die ganze Gesellschaft, sodaß die Clarissa von ihrem Vater beauftragt wurde, den alten Münchhausen wieder aufzuheitern.

Und als es nun für ein Augenblicke an der langen, reich mit Blumen geschmückten Galatafel ganz still war, sagte die Clarissa – es war grade nach dem siebzehnten Gericht – zu ihrem alten Herrn:

»Münch, Du wolltest noch was von der Doppelnatur des Menschen erzählen; Du fingst heute Morgen gleich damit an, bemerktest aber, daß Du später noch auf die Doppelnatur des Menschen zurückkommen würdest.«

Da blickte der alte Herr lange in sein volles Glas, ohne zu trinken, und erzählte dann das, was jetzt folgt:

»Es war ein sehr sonderbarer Sonntag, dieser erste Sonntag in der Weltausstellung zu Melbourne.

Ein Betriebsinspektor trat abends um fünf Uhr in das höhlenartige Felskabinett eines Malers, der uns grade sein neuestes Gemälde zeigte und erklärte. Dieses Gemälde war durch ein fünf Meter breites Felsenloch zu sehen und führte uns eine wilde Partie aus dem Andromeda-Nebel vor, in dem sich ganz schroffe wildzerklüftete Felsenleiber weit ins Innere hineinschoben; diese Felsenleiber gehörten kolossalen Ungetümen, die ganz aus gigantischen Hochgebirgslandschaften komponiert waren.

Als der Maler seinen erklärenden Vortrag beendet hatte, sagte der Betriebsinspektor zu uns:

›Heute ist in unsrem Kaskadenberge den Besuchern der Ausstellung die Gelegenheit geboten, das sogenannte Schlafwunder kennen zu lernen. Es ist aber eine sehr kostspielige Sache, und jeder Besucher darf nur ein einziges Mal der Geschichte näher treten. Ich selber kenne sie noch nicht, mitgeteilt wird darüber auch nichts Näheres. Die meisten Besucher sparen sich dieses Wunder zum Schlusse auf. Jedenfalls kostet das Billet bare fünfzehnhundert

Francs, die einfach vertrauensselig vorher bezahlt werden müssen.‹

›Das ist ja eine Beutelschneiderei!‹ erklärten verschiedene Herren.

Ich aber sagte sehr ruhig:

Die Ausstellung bietet so großartige Kunstgenüsse, daß ich nicht glauben kann, man möchte mir hier fünfzehnhundert Francs für garnichts abnehmen. Jedenfalls bin ich bereit, das Billet sofort zu bezahlen.

Ich begleitete darauf den Inspektor zum Kaskadenberg, bezahlte das Billet und wurde in einem kleinen Zimmer, in dem alles mit schwarzem Sammet bedeckt war, hypnotisiert. Das Zimmer wurde nur von einer dunkelgrünen Smaragdglasampel erleuchtet. Und ich verlor sehr bald das Bewußtsein, wurde dann aber geweckt und von einigen Herren stark gerüttelt und auf die Füße gestellt.

›Sie sehen dort auf dem Divan‹, sagte der eine Herr, der mich am stärksten gerüttelt hatte, ›einen alten Mann schlafen; das sind Sie selbst. Es ist uns gelungen, Ihre Natur zu spalten. Derjenige, den wir soeben gerüttelt haben, ist die andre Hälfte Ihres Ichs, die phantomhaft leicht ist und als solche eine Reise durch den Kosmos machen kann.‹

Gestatten Sie, daß ich mein andres Ich berühre! sagte ich dazu.

Aber die Herren erklärten mir, daß das unmöglich wäre, und ich bemerkte, daß meine Hände auf dem Rücken festlagen, als wären sie angeklebt. Angebunden waren meine Hände nicht. Ich wollte nun noch einmal mein andres Ich deutlicher sehen, und ich sah auch für ein paar Augenblicke ganz deutlich, daß der schlafende Mann genau das Gesicht hatte, das ich selber habe – auch meine Kleider erkannte ich.

Darauf wurde ich hinausgeführt und durch eine niedrige Türe in einen länglichen Raum geschoben, in dem sich jener Professor befand, der schon in den unterirdischen Höhlen nicht von meiner Seite wich.

›Wir fahren heute‹, sagte der Professor, ›zwanzig Millionen Meilen durch den Weltenraum – zur Sonne und dann um die Sonne rum – und dann durch die Sonne durch und wieder zurück.‹

Hierauf bat mich der Professor, mich einfach auf den Rücken zu legen.

Ich sagte, daß ich vorher gerne meine Hände vom Rücken losgelöst hätte.

›Seien Sie froh!‹ rief er da, ›legen Sie sich ruhig auf den Rücken; die Bodenpolsterung ist vortrefflich.‹

Ich tat nun, wie er sagte, und da zogen sich rechts und links die Gardinen von den Seitenwänden zurück – und ich sah – in den großen Sternenraum.

Fliegen wir schon zur Sonne? fragte ich heftig.

›Allerdings!‹ erwiderte der Professor.

Nun bemerkte ich, daß ich mich in einer Art Glasröhre befand; die Seitenwände waren ganz von Glas und stark ausgebaucht, sodaß ich mich, wenn ich nach unten in den Raum blicken wollte, nur auf die linke Seite zu legen brauchte. Die Situation war keineswegs so unbequem, da ich auf der Bodendecke tatsächlich außerordentlich weich lag.

Im Innern unsrer Röhre ging jetzt das elektrische Licht aus, und der Professor setzte sich drei Schritte von mir entfernt auf den Boden wie ein Pascha mit gekreuzten Beinen hin.

Ich vergaß mein andres Ich, das in Melbourne ruhig weiterschlief, und blickte hinunter in die große mächtige Sternenwelt; noch niemals hatte ich Sterne so tief *unter* mir gesehen.

Man hörte nur ein leises Summen vorne an der Spitze unsrer Glasröhre.

Der Professor sagte, als hätte er meine Gedanken gehört:

›Das Summen, das Sie vorne hören, ist vielleicht der Ton einer Maschine, die wir aber nicht kennen; es ist uns ganz unmöglich, in den vorderen Raum unsres Cylinders zu gelangen. Jedenfalls besteht dieser Cylinder nicht aus Glas – wir haben beide nur Phantomschwere, und dieser Cylinder ist daher natürlich auch nur ein Phantom für uns. Jedenfalls ist mir mitgeteilt – eine heisre hastige Stimme sagte mirs – daß wir zur Sonne fahren werden, um die Sonne herum und nachher durch die Sonne zur Erde zurück. Wem aber die heisre Stimme gehörte, das weiß ich nicht. Mein andres Ich schläft auch in Melbourne. Seien Sie froh, daß Sie Ihre Hände auf dem Rücken haben; ich riß meine rechte Hand so heftig los – und da!‹

Ich erschrak, denn er zeigte mir plötzlich diese rechte Hand, die ganz groß wie ein Arm war – und schneeweiß; er bewegte die Riesenhand zweimal auf und ab und legte sie dann wieder auf den Rücken.

Sie können sich denken, meine Damen und Herren, daß mir dabei etwas unheimlich zumute wurde.

Aber ich sagte zu dem Professor:

Was gehen uns unsre zweiten Ichs an? Sperren wir die Augen auf und sehen wir, was wir sehen können. Eine Fahrt nach der Sonne, um die Sonne rum und durch die Sonne durch kann man nicht alle Tage haben. Und – ich habe fünfzehnhundert Francs dafür gezahlt.

›Ich auch!‹ sagte der Professor, ›wenn ich nur nachher meine große Hand wieder loswerde.‹

Hören Sie, rief ich nun ärgerlich, jetzt blicken Sie hinaus. Wenn Sie Ihre große Hand nachher *nicht* loswerden, so schadets doch auch nicht.

›Ich kann aber die Finger der großen Hand nicht bewegen!‹ sagte er darauf.

Sehen Sie hinaus! Sehen Sie hinaus! rief ich heftig.

Und da sahen wir links von mir weiter nach unten ganz seltsame, ganz dunkelgrüne Schleiergebilde, die sich von dem samtschwarzen Nachthimmel geisterhaft abhoben und auf uns zuschwebten.

Aber gleich danach waren sie wieder verschwunden.

Und dann wurde ein Stern, der rötlich aussah, immer größer und dann so groß wie der Erdmond und dann dreimal so groß wie der Erdmond.

›Das ist die Venus!‹ rief der Professor.

Aber kaum hatte er das gesagt, so verschwand sie unter uns.

Wir fahren schnell! sagte ich leise.

Den Merkur sahen wir ebenso, doch er wurde nicht so groß wie die Venus; er war wohl weiter ab.

Und danach sahen wir den intramerkuriellen Planeten – und den sahen wir *ganz* in der Nähe.

Und dieser kleine Planet hatte drei ganz kleine Monde, die ganz länglich sind – wie gebogene Würste. Es würde mich zu weit ablenken, wenn ich Ihnen diese Planeten näher schildern möchte – nur so viel möchte ich sagen: sie waren in der Farbe entzückend und so beweglich in allen Teilen.

Mein Professor meinte:

›Zweifellos sind diese Farbeneffekte großen Wolkenbildungen zuzuschreiben.‹

Da wir nun aber besonders die Teile der Planeten sahen, die von der Sonne momentan nicht beschienen wurden, so sagte ich, daß mir die Farbeneffekte durch die Existenz von Wolkenbildungen noch nicht erklärt seien.

Zu weiteren Auseinandersetzungen kams aber nicht, da wir gleich danach in die Corona der Sonne hineinfuhren.

Hatten wir solange die Empfindung gehabt, im Schatten unsres Cylinderkopfes zu fahren, wo wurden wir jetzt plötzlich in eine flimmernde Helligkeit gebracht.

›Passen Sie auf‹, rief mir da mein Professor zu, ›was jetzt mit unsern Fensterscheiben passiert!‹

Und ich sah, daß über die großen bauchig ausgerundeten Scheiben große schwammartige Gebilde auf und ab gewischt wurden – und daß dadurch die Scheiben dunkler wurden.

›Wir würden bald geblendet sein‹, sagte der Professor, ›wenn die Scheiben nicht verdunkelt wären.‹

Nun fesselte aber die Corona der Sonne unsre ganze Aufmerksamkeit.

Zuerst sah ich raketenartig dicke Funkenbündel vorüberschießen.

›Das sind‹, erklärte mein Professor, ›äußere Glieder der sogenannten Haufenprotuberanzen.‹

Und dabei hob er seine riesenhafte Hand hoch auf und rief dann gleich:

›Da drüben aber sehen Sie echte Strahlenprotuberanzen mit metallischen Gasdämpfen.‹

Und wir fuhren dicht an dem glänzend aufstrebenden Körper vorüber; der hatte aber Dimensionen!

Und nun fuhren wir durch einen ganzen Protuberanzenwald durch.

Und diese ungeheuren Riesenleiber zeigten zuweilen auch Bildungen, die man wohl als Köpfe bezeichnen könnte.

Wir sahen meilengroße Glanzaugen mit furchtbaren Pupillen – aber niemals zwei Augen – immer nur *eins*.

Das war ein gigantisches Feuerwerk.

Es läßt sich nicht beschreiben; es war zu groß.

Und die rasend schnellen Bewegungen verwirrten mich dermaßen, daß ich ein paar Sekunden hindurch die Augen schließen mußte.

Danach sah ich hinunter auf die rötliche Chromosphäre, die nach der Corona die nächste Haut ist – eine Haut von über tausend Meilen Durchmesser, aus der sich die Protuberanzen immer wieder herausreckten.

›Bewohner der Sonnenoberfläche‹, sagte mein Professor, ›sind diese sämtlichen Protuberanzen. Wir können derartig riesenhafte Lebewesen, die ihre Gliedmaßen so schnell vergrößern können, nicht begreifen. Aber daß es lebendige Lebewesen sind – das merken wir wohl.‹

Und wir fuhren weiter durch die großen Protuberanzenwälder, und unser Cylinder bog immer sehr geschickt jedem aufstrebenden Raketengliede aus.

Und dann gings durch die umkehrende Schicht, in der uns alle möglichen Metalle in Gasform umglühten, zu der Sonnenhaut, die uns von der Erde aus als solche erscheint; und da sahen wir denn auf der sogenannten Photosphäre die unzähligen Sonnenflecke.

›Die Sonnenflecke‹, sagte mein Professor, ›sind veränderliche Organe der Sonnenhaut, die oft zwanzigtausend Meilen breit sind.‹

Das waren nun Organe mit Dimensionen!

Wer das beschreiben könnte!

Ich mußte immer wieder an den Südpol der Erde denken; der hatte nur ein viel kleineres Loch.

Wir sahen tief hinein in alle diese beweglichen Riesenorgane und schwebten in unserm feuerfesten Cylinder dicht über der Sonnenhaut rasend rasch dahin um die halbe Sonne rum – das ging so durch mehrere hunderttausend Meilen, da ja der Durchmesser der Sonne fast zweihunderttausend Meilen beträgt.

An den Rändern der Sonnenflecke schienen sich die Protuberanzenriesen ganz besonders wohl zu fühlen – da flackerten sie umher mit einer Hast und Wildheit – das war ein richtiges Riesenleben!

›Die Riesenleiber der Protuberanzen‹, sagte mein Professor, ›entsprechen teilweise den Nordlichtern und Südlichtern der Erde, sind hauptsächlich magnetischer und elektrischer Natur, haben aber wohl noch viele andre Naturen.‹

Und über die Sonnenflecke, diese Hautorgane der Sonne, sagte er noch:

›Nur durch die organische Tätigkeit der Hautorgane der Sonne, die wir Sonnenflecke nennen, entsteht die ungeheure Hitze der Sonnenoberfläche; die Tätigkeit der Hautorgane ist ohne Unterbrechung eine kolossale Bewegungstätigkeit, die vergleichbar ist den rollenden Augen der Raubtiere. In welchem Verhältnis die Lebewesen, die wir Protuberanzen nennen, zu den großen Hautorganen der Sonnenoberfläche stehen, wissen wir nicht, da wir nicht erkennen können, ob diese Protuberanzen mit ihrem Unterkörper fest auf der Sonnenhaut angewachsen sind oder sich auf dieser frei zu bewegen vermögen.‹

Ich lag nun auf der linken Seite und starrte hinunter und sah immer wieder neue Gliedmaßen der Protuberanzen wie Nordlichter aus den Hautorganen der Sonne herausspritzen – und diese in einer Bewegung, gegen die Orkanwellen auf irdischer See Bachgeplätscher vergleichbar sind.

Und dann fuhren wir in solch ein Hautorgan hinein, und rechts und links flogen die kolossalsten Dampfwirbel vorüber in unzähligen Farben.

Und dann sahen wir rechts und links abenteuerliche Riesenfelsen, die sich dehnten und knackten und knirschten und plötzlich auseinanderplatzten, daß wir weit in seltsame Grotten sahen, in denen Alles in Bewegung war.

Und dann gings tiefer und tiefer, und dann ward es finstre Nacht, daß wir *nichts* sahen. Nur die Riesenhand meines Begleiters leuchtete, sodaß ich öfters erschrak.

Danach wurde es wieder hell – und wir sahen – große Planeten im Innern eines großen Raumes herumschweben; die Wände des Raumes konnten wir nicht erkennen – wohl aber diese Planeten, die im Sonneninnern lebten.

Nur einzelne dieser Planeten hatten runde Gestalten, die meisten waren mit langen beweglichen Rüsseln ausgestattet.

Mein Begleiter, der in diesen Gegenden schon bekannt zu sein schien, sagte mir:

›Die Sonne ähnelt einem irdischen Badeschwamm. Aber nur im Äußeren ähnelt sie diesem, im Innern sind ganz große leere Räume vorhanden. Die Sonnenflecke, diese Hautorgane, sind nun so groß, daß durch sie mit Leichtigkeit große Planeten ins Innere der Sonne hineinkommen und dort weiterleben können. Die Annahme, daß jemals der Merkur in die Sonne stürzen und diese teilweise zerstören könnte, ist eine irrige, da die Planeten mit höchster Vernunft begabte Lebewesen sind – die längst zerstört wären, wenn sie nicht mit höchster Vernunft begabt wären. Überall erhalten sich nur diejenigen Wesen, die allen Gefahren aus dem Wege zu gehen wissen. Ob nun mal Merkur, Venus oder Erde auch ins Innere der Sonne gelangen werden, wissen wir nicht; aber Platz genug ist dort für sie da. Wahrscheinlich ist es jedenfalls, daß die Drei auch hineinkommen. Das Verhältnis der außen lebenden Planeten zur Sonne ist bereits außerordentlich intensiv. Der Einfluß der

Sonne auf diese Planeten ist nicht zu bestreiten. Daß aber die im Innern der Sonne lebenden Planeten in einem noch viel intensiveren Verhältnis zu der großen kosmischen Natur der Sonne leben, das wird uns nach dem, was wir hier sehen dürfen, ohne Weiteres ganz klar sein.‹

Wann mögen diese Planeten, fragte ich nun, die wir hier sehen, in das Innere der Sonne gekommen sein?

›Wie kann man‹, versetzte da mein Professor mit hoch erhobener Riesenhand, ›derartig fragen? Daß die Sonne und die Planeten nicht so entstanden sind, wie die Europäer nach Kant und Laplace annehmen, das braucht wohl nicht erst lange erörtert zu werden. Organisch gebildete Weltkörper entstehen nicht nach simplen materialistischen Theorieen. Es ist aber doch so natürlich, anzunehmen, daß die höher entwickelten Sterne auf die noch nicht so hoch entwickelten eine große Anziehungskraft ausüben – und daß nun die Sterne, die so groß sind, daß sie in ihrem Innern noch Platz haben für kleinere Sterne – auch diesen gerne diesen Platz einräumen, wenns verlangt wird – das ist doch auch so natürlich. Für derartige große kosmische Verbindungen einen Zeitpunkt angeben zu wollen – ist ein kindisches Unterfangen. Das ist ja ebenso naiv, als wenn man fragen wollte, wann und wo die großen Sterne unsres Sonnensystems entstanden sind. Über derartige Geburtstage wünscht ein vernünftiges Lebewesen nicht unterrichtet zu werden.‹

Hat der Jupiter, fragte ich da, vielleicht auch ein paar Planeten in seinem Innern?

›Sehr wahrscheinlich ist das!‹ erwiderte mein Professor.

Und dann starrte ich die inneren Planeten der Sonne an und konnte mich nicht satt sehen; da sah ich seltsame kleine Leute auf den Planeten herumkrabbeln und herumfliegen.

Und ich bedauerte, daß ich kein Fernrohr bei mir hatte.

Und ich dachte darüber nach, warum wohl diese kleinen Planeten im Innern der Sonne lebten – ob sie für immer hier lebten – ob sie ganz mit der Sonne zusammen ein Wesen geworden seien.

Und ich sprach darüber mit meinem Professor, und er sagte schließlich:

›Das größte Geheimnis unsrer sichtbaren Welt ist jedenfalls das Gesellschaftsleben der Lebewesen untereinander. Die unzähligen Fäden, die die Sterne und die Bewohner der Sterne miteinander und mit den Sternen verbinden, bilden ein so kompliziertes Gewebe, daß unser Geist vorläufig noch nicht reich genug erscheint, dieses Gewebe stellenweise übersichtlich zu gliedern und geordnet vor uns erscheinen zu lassen. Das ist aber die Kardinalaufgabe unsrer neuen Literatur.‹

Er sprach nicht weiter.

Und ich sah noch unzählige Gestalten.

Wir fuhren dann zur Sonne wieder hinaus und wieder durch die Chromosphäre und durch die Corona ins Weltall hinein.

Da sah ich denn wieder die unzähligen Sterne unter mir, und ich sagte:

Daß aber die Planeten im Innern der Sonne die andern Sterne des Himmels nicht sehen können – das erscheint mir doch beklagenswert.

Da erwiderte mein Professor:

›Aber Herr Baron von Münchhausen, den Menschen ist es bereits möglich, durch Röntgen-Strahlen jeden festen Körper zu durchblicken. Glauben Sie, daß die Planeten des Sonneninnern nicht Organe haben, mit denen sie durch die Sonnenhaut durchblicken können? So mangelhaft dürfen wir uns doch nicht kosmische Sternorgane vorstellen.‹

Ich schwieg nun und sah den Merkur noch einmal und auch ein paar kleine runde Kometen – und schlief dann plötzlich ein und träumte wildes Zeug zusammen; Protuberanzen packten mir an die Kehle, und ich nahm den intramerkuriellen Planeten mit seinen drei Wurstmonden in die Hand und schlug mit ihm auf die Protuberanzen los.

Da erwachte ich und sah, daß ich auf dem Divan in dem schwarzen Sammetzimmer lag, die Smaragdglasampel brannte wie vorhin, und ein junger Mann trat ins Zimmer und fragte mich, ob ich etwas zum Abendbrot essen möchte.

Ich sprang auf, rannte hinaus und hätte meinen Professor beinahe umgerannt.

Der Professor brachte mich zum Ufer des großen Sees, wir setzten uns in einen Wagen, der auf den Seedrähten herumfährt, ließen das Wagendach aufmachen und uns ein kräftiges Abendbrot verabreichen – Bratwürste aß ich, und Münchner Bier trank ich dazu.

Es war halb zehn Uhr abends.

Über uns leuchteten die achtzehn Fesselballons in tausend Farben.

Und Musik ertönte oben in den Lüften.

Und ich war ganz verwirrt; der Professor erzählte mir, daß seine rechte Hand ganz steif geblieben sei – aber sie war wieder so groß wie die linke.

Ich mußte mich verpflichten, solange ich auf dem Ausstellungsterrain blieb, nichts von diesem großen Schlafwunder zu erzählen.

Aber jetzt in Deutschland darf ich davon erzählen. Und ich freue mich, daß ich Ihnen, meine Damen und Herren, so viel davon erzählen durfte, daß Sie eine ungefähre Vorstellung davon bekommen haben. Leider ist es mir nicht möglich, so an *einem* Abend plastischer zu erzählen. Die Geschichte ist zu groß – jedenfalls die großartigste, die ich in meinem Leben erlebt habe. Ob ich noch mal was Großartigeres erlebte, weiß ich nicht.«

Der Baron schwieg und trank sein Glas Wein aus, das während der ganzen Sonnenfahrterzählung unberührt vor ihm gestanden hatte.

Danach brachte man dem Baron stürmische Ovationen.

Und dann wurde das achtzehnte Gericht aufgetragen.

»Herr Oberkoch«, rief der Baron, »ist das Essen nicht kalt geworden?«

»Nein, Herr Baron«, erwiderte der Oberkoch, »beim Beginn Ihrer Erzählung wurde sofort in der Küche Pause gemacht.«

»Das war vorsichtig!« rief der alte Herr.

Und beim dreiunddreißigsten Gericht sagte er zur Gräfin Clarissa ganz leise, daß es Niemand weiter hörte:

»Morgen nachmittag um fünf Uhr bist Du im Café Josty, nicht wahr?«

»Ja!« sagte die Gräfin.

Und nach dem Diner sagte der Baron zum alten Grafen Adolf vom Rabenstein:

»Könntest Du mich morgen vormittag um zwölf Uhr in meinem Hotel am Alexanderplatz besuchen?«

»Ja!« sagte der Graf.

Und danach brachte man dem alten Baron von Münchhausen unsäglich viele Ovationen, und er sprach dabei mit allen Gästen und fuhr erst nach zwölf Uhr nachts wieder davon.

Es war eine finstere Nacht, und das Automobil des Barons mußte sehr langsam fahren, sodaß er erst sehr spät auf dem Alexanderplatz zu Berlin anlangte.

Aber der Baron war in seinem Hotel in so guter Stimmung, daß er vor dem Schlafengehen noch einen Brief an die alte Gräfin Adolfine vom Rabenstein schrieb; den Brief packte er sorgfältig in seine umfangreiche Brieftasche.

Das Nachspiel

Am darauffolgenden Montag, dem dreiundzwanzigsten Januar des Jahres eintausendneunhundertundfünf, war der Graf Adolf vom Rabenstein pünktlich um zwölf Uhr vormittags in Berlin in Münchhausens Hotel am Alexanderplatz.

Münchhausen kam dem Grafen im Lesezimmer des Hotels lachend entgegen und sagte gleich:

»Adolf, weißt Du, weswegen ich heute noch mal mit Dir sprechen wollte?«

»Nein!« versetzte der Graf.

»Ich wollte«, fuhr nun der alte Münchhausen lebhaft fort, »heute nachmittag mit Deiner Tochter ›durchgehen‹ und – und daher hatte ich das Befürfnis, noch vorher in dieser Angelegenheit mit Clarissas Vater Rücksprache zu nehmen.«

»Welche Umstände!« rief der Graf lachend, »denkst Du denn, ich werde meiner Tochter, wenn sie verrosteten europäischen Anschauungen vor den Kopf stoßen will, irgendwie hinderlich in den Weg treten? Lieber Münch, es tut mir doch sehr leid, daß Du mich für einen alten Komödienvater gehalten hast; Du hättest mich doch für ernster halten sollen.«

Da sagte der Baron:

»Adolf, laß Dich umarmen!«

Und sie umarmten sich.

Als das Lesezimmermädchen diese Umarmung sah, reckte sie die Hände zum Himmel empor und flüsterte mit großen Augen:

»Diese alten Herren!«

Als diese das hörten, lachten sie aus vollem Halse und ließen sich gleich ein Frühstück bringen.

»Wie denkst Du denn«, fragte der Baron den Grafen beim ersten Glase, »über eine Heirat? Würdest Du etwas dagegen haben, wenn wir uns – das heißt: Clarissa und ich – wenn wir uns im Jahre 1919 ›verloben‹ würden?«

»Ja«, erwiderte Adolf, »wenn Du mir versprichst, im Jahre 1991 Hochzeit zu machen – dann bin ich mit der Verlobung im Jahre

1919 vollkommen einverstanden.«

Der Baron nickte.

Und dann war das, was der Eine sagte, immer das, was der Andre auch sagen wollte.

Schließlich sagte der Münch:

»Wenn ich mich mit Deiner Tochter immer ebenso leicht verständige wie mit Dir heute – so wird das ein prächtiges Zusammenleben werden.«

Der Graf vom Rabenstein runzelte bei diesen Worten die Stirne und entgegnete:

»Ich habe meine Tochter mit einer so verzüglichen Erziehung bedacht, daß es mir sehr schmerzhaft ist, wenn der Baron Münchhausen meint, er könnte sich mit meiner Tochter jemals nicht so leicht verständigen wie mit mir.«

»Adolf«, rief der Baron, »zürne mir nicht; das halt ich nicht aus. Ich glaube ja an den Verstand Deiner Tochter in jeder Hinsicht.«

Darauf umarmten sich die Beiden nochmals und fuhren darauf in Münchhausens Automobil zum Anhalter Bahnhof.

Hier stieg der Graf aus; der empfing noch Münchhausens Brief an die Gräfin Adolfine.

Der Baron fuhr zu Josty und kam dort um fünf Uhr nachmittags an.

Der Graf Adolf öffnete den Brief an seine Gattin und las:

Hochverehrte liebe Adolfine!

Wenn dieses Schreiben in Deine Hände gelangt, so wird Dir schon bekannt sein, daß ich mit Deiner Tochter ›durchgehe‹. Du wirst natürlich mit Erstaunen fragen: warum geht der Baron nicht mit mir durch? Für den Baron bin ich doch nicht zu alt – während meine Tochter zweifellos zu jung für ihn ist. Wenn Du so sprächest, liebe hochverehrte Adolfine, so müßte ich Dir wohl Recht geben – aber ich müßte Dir gleich danach erklären, daß es nicht den geringsten Wert hätte, wenn ich mit Dir durchginge; das würde doch keinen Effekt machen. Wenn ich aber mit Deiner Tochter durchgehe, so wirkt das ohne Weiteres *skandalös* – und das Skandalöse macht Effekt. Darum bitte ich um Deinen Segen! Wir hoffen, daß es uns gelingen wird, durch unser skandalöses Vor- und Durchgehen den Grundmauern des europäischen Gesellschaftslebens einen ordentlichen Knacks beizubringen. Tu bitte das Deinige, daß unser Verfahren an die Öffentlichkeit kommt, damit sich alle diejenigen, die die hohe Melbourne-Kunst niemals begreifen werden, sich recht bald mausetot ärgern können.

Ich grüße Dich und küsse in Gedanken voll Ehrfurcht Deine alten beiden Hände und bin im Diesseits und im Jenseits für immer

Dein alter *Münchhausen*.

Die Gräfin Clarissa saß um fünf Uhr schon bei Josty und trank wieder Grätzer Bier.

Der Baron tat das, als er angekommen war, gleich ebenfalls.

Und dann fuhren die Beiden zum Anhalter Bahnhof und lösten allda zwei Billets nach Wien.

Fünf Minuten vor Abfahrt des Zuges kam der alte Graf Adolf vom Rabenstein auf den Bahnhof und rief seiner Tochter lachend zu:

»Liebe Clarissa, Du hättest mir doch mitteilen können, daß Du heute mit dem Baron zusammen ausreißen willst; hast Du denn gar kein Vertrauen zu Deinem Vater?«

Die Clarissa entschuldigte sich, empfing noch von ihrem guten Vater hundert Tausendmarkscheine und sagte:

»Glücklich ist die Tochter, die heute einen guten Vater hat; ein guter Vater ist in diesen stumpfsinnigen Zeiten garnicht hoch genug zu schätzen.«

Dann aber rief die Clarissa zum Baron gewandt plötzlich sehr heftig:

»Münch, Du scheinst uns verraten zu haben; wie kommt es, daß der Vater von unsrer Abfahrt weiß?«

Münchhausen lachte und sagte:

»Du sagtest doch, daß Dein Vater stets mit Deinen Handlungen einverstanden sei. War das etwa gelogen? Alles kann ich vertragen – nur das Lügen nicht!«

Das sagte die junge Gräfin:

»Ich lüge nie; es war, wie ich sagte.«

»Demnach«, rief der Baron, »darfst Du nicht von ›Verrat‹ sprechen!«

»Ich bitte Dich um Verzeihung«, stotterte die Clarissa, »ich nehme Alles zurück.«

»Ich aber«, rief nun die alte Gräfin Adolfine vom Rabenstein, die jetzt ebenfalls plötzlich auf der Bildfläche erschien, »nehme meine Tochter unter keinen Umständen mehr zurück. Münchhausen, Du kannst meine Tochter behalten für alle Zeiten; ich freue mich, daß meine Tochter endlich *ihren* Mann gefunden hat.«

»Einen alten Herrn«, rief nun die Tochter heftig, »der nicht mehr und nicht weniger als einhundertundachtzig Jahre alt ist, nennst Du meinen Mann?«

Da lachten die Bahnbeamten und baten die Reisenden, sofort einzusteigen.

Und im Coupéfenster sagte die Clarissa zu ihren Eltern:

»Papa und Mama, Ihr dürft von uns lauter schlechte Geschichten erzählen, aber daß wir – Münch und ich – ein Liebespaar sind, das dürft Ihr nicht sagen; das wäre zu lächerlich.«

Da stiegen Adolf und Adolfine in den Wagen, umarmten ihre Tochter und den Baron – und stiegen dann mit Tränen auf den Wangen, die lächelten, wieder ab.

Und dann fuhr der Zug mit Münchhausen und Clarissa nach Wien.

Der Graf Adolf sagte, als er mit seiner Gattin den Bahnhof verließ:

»Wie leicht ist es heute, einen Witz zu reißen, der mehrere Jahre hindurch nicht zu zerreißen ist! O du glückliches Zeitalter!«

Die Clarissa aß Bonbons währenddem.

Die Clarissa war in Wien sehr überrascht, als sie bemerkte, daß es Niemand anstößig fand, wenn sie sagte, daß sie mit dem alten Baron Münchhausen ›durchgegangen‹ sei.

»Das hätten wir ebenso gemacht!« sagten alle Damen. Und alle Herren stimmten dem immer bei und fanden garnichts an der Sache; es kam ihnen Allen die Geschichte so schrecklich natürlich vor.

Darüber war natürlich die Clarissa mächtig traurig.

Aber der Baron tröstete sie und sagte:

»Wir müssen alles Ungemach im menschlichen Leben mit Humor ertragen; es hat auch jedenfalls eine angenehme Seite, daß wir nicht für ›unverheiratet‹ gehalten werden.«

»Die wäre?« fragte die Clarissa.

»Die – die«, erwiderte der alte Münchhausen, »die Hotelrechnungen werden dadurch so maßvoll gemacht.«

Nun erzählte die Clarissa überall alles das, was sie vom Baron gehört hatte; das fiel ihr nicht schwer, da sie einen Stenographen für die Baronswoche engagiert hatte.

Aber das Verständnis für die Melbourne-Kunst war bei allen Zuhörern und Zuhörerinnen ein derartig minimales, daß sie zum Münchhausen voll Verzweiflung sagte:

»Münch, ich hoffte, Alles mit Dir zusammen umkrempeln zu können, aber nun krempelt sich mir nur das Herz im Leibe um, denn auf diesen ›brüllenden‹ Stumpfsinn war ich denn doch nicht gefaßt.«

»Tröste Dich«, versetzte Münchhausen, »es ist immer besser, daß uns die Leute ›garnicht‹ verstehen; wie leicht könnten sie uns ›mißverstehen‹ und uns für politische Revolutionäre halten und uns ins Gefängnis sperren lassen.«

»Wäre das möglich?« fragte die Clarissa.

»Na, natürlich«, versetzte der Baron.

Nun fuhren die Beiden von Stadt zu Stadt und von Land zu Land, und überall erklärte die Clarissa die köstliche Melbourne-Kunst.

Aber selbst die Künstler sagten:

»Wir möchten das ja so gerne entzückend finden. Aber wir verstehens doch nicht. Das geht uns zu weit. Wie gerne würden wirs begreifen wollen, wenn wirs nur könnten!«

Und das sagten Alle mit solchem Ernst und solchem Eifer, daß Münchhausen ganz gerührt wurde und schließlich überall erklärte:

»Na seid nur still! Mit der Zeit pflückt man Rosen! Wenn Ihr älter werdet, dann werdet Ihr die ›neue Kunst‹ schon begreifen. Seid nur still! Vielleicht werdet Ihr noch mal hundertundachtzig Jahre alt – dann habt Ihr die neue Kunst ganz bestimmt begriffen.«

Münchhausen hielt sich mit seiner Clarissa überall nicht lange auf – er fuhr immer sehr bald weiter – immer weiter – weiter–––

Das große Licht

Ein Münchhausen-Brevier

Münchhausen in afrikanischer Sklaverei

Eine Geschichte in Briefform

Geehrter Herr Asenikoff!

Sie machen mich rasend, wenn Sie das Manuskript nicht mehr auftreiben können. Sie waren dabei, als der Baron Münchhausen im Sommer des Jahres 1904 plötzlich in Neapel erschien und dort im »Europäischen Hof« einen Vortrag hielt – über sein Leben in der afrikanischen Sklaverei. Sie haben den Vortrag stenographiert und müssen jedenfalls doch wissen, *was* Sie stenographiert haben. Das kann doch Ihrem Gedächtnis nicht einfach entfallen sein. Das ist doch einfach unmöglich. Der Baron macht doch sonst Eindruck mit seinen Vorträgen. Außer Ihnen ist kein Mensch mehr zu entdecken, der damals auch dabei war. Ich habe mir die größte Mühe gegeben, bin deswegen fünfmal in Neapel gewesen – und alles war vergeblich. Ich bitte Sie nun flehentlich: geben Sie sich doch die größte Mühe, das Manuskript zu entdecken. Ich habe bestimmt darauf gerechnet, daß Sie's zurückbekommen würden. Lassen Sie sich doch nicht so schrecklich viel bitten. An den Baron selbst kann ich mich nicht wenden, da ich seine Adresse nicht kenne. Er soll immer noch in Ostasien sein. Aber Niemand weiß den Ort, in dem er sich aufhält. Erfahre ich die Adresse der Gräfin Clarissa vom Rabenstein, so bekommt sie sofort ein paar Zeilen von mir. Leider sind ihre Eltern auch verreist.

Hochachtungsvoll

Ihr
Scheerbart.

Friedenau b. Berlin, 25. Juni 1910.

Geehrter Herr Scheerbart!

Da ist leider nichts mehr zu machen. Das Manuskript erhielt im Sommer 1905 ein Berliner Verleger. Der ist inzwischen gestorben, und seine Erben bestreiten alles – wollen nichts gesehen und nichts gehört haben. Ich habe nichts in der Hand, wodurch ich die Leute zwingen könnte. Hätte auch keinen Wert. Sie würden die Geschichte schon herausgeben, wenn sie die Sache in der Hand hätten. Haben aber nichts in der Hand. Bot vergeblich tausend Rubel an. Mehr kann ich in der Angelegenheit nicht tun. Glauben Sie, daß es Zweck hat, das Doppelte oder das Dreifache zu bieten? Dadurch würden diese Verleger vielleicht nur verleitet werden, ein Falsifikat einzuschmuggeln. Und *das* würde ich sofort durchschauen. Nein – wir wollen in der Münchhausenaffäre um alles in der Welt willen keine unwahre Geschichte aufkommen lassen. Lieber wollen wir sagen: wir wissen nicht, wie sich die Sache verhält. Und so ist es. Das müssen Sie dem Publikum ganz kühn ins Gesicht sagen. Dadurch wird Ihre Wahrheitsliebe scharf markiert an die Wand gemalt. Die Adresse der Gräfin Clarissa vom Rabenstein muß durch den ehemaligen Reichskanzler Fürsten von Bülow zu erfahren sein. Wenden Sie sich an den. Das ist das einzige, was ich für Sie zu tun vermag. Mehr kann ich leider nicht.

Hochachtungsvoll Ihr

Asenikoff.

Petersburg, 5. Juli 1910.

Geehrter Herr!

Nein aber – wissen Sie – der Baron ist ja einfach entzückt gewesen, daß der Herr Asenikoff sein Manuskript verloren hat. Das wußte übrigens der Baron schon vor einem Jahr. Ich bin jetzt hier in Wiesbaden zur Kur. Der Baron will *nichts* mehr von seinem hundertjährigen Sklavenleben in Afrika wissen. Tun Sie mir den Gefallen und verzichten Sie auf alle weiteren Nachforschungen. Die haben, nebenbei gesagt, auch nicht den geringsten Wert. Was man nicht sagen will, das sagt man eben nicht. Und was man vergessen will, das vergißt man eben. Geben Sie sich keine weitere Mühe in der Angelegenheit. Alles ist vergeblich. Schreiben Sie aber keine Unwahrheiten. Das rate ich Ihnen. Denn der Baron ist in puncto Wahrheitsliebe von einer außerordentlichen Feinfühligkeit. Er ist momentan noch in Ostasien.

Hochachtungsvoll Clarissa vom Rabenstein.

Wiesbaden, 15. Juli 1910.

Geehrter Herr Asenikoff!

Anbei die Abschrift eines Briefes der Gräfin Clarissa vom Rabenstein. Wenigstens weiß ich jetzt als erster Münchhausenforscher eins ganz sicher: der Baron ist tatsächlich hundert Jahre lang als

Sklave bei kleinen fingerlangen Lebewesen im Innern Afrikas gewesen. Hundert Jahre! Aber darum wird ja die Geschichte nur noch interessanter. Nie habe ich geglaubt, daß es ein Mensch hundert Jahre in qualvoller Gefangenschaft aushalten könnte. Vielleicht stammt aus dieser hundertjährigen afrikanischen Sklavenzeit der nie umzubringende Humor des alten Barons. Jetzt aber müssen Sie mir umgehend alles das schreiben, was Ihnen noch in der Erinnerung geblieben ist. Zunächst mal: war der Baron schon auf der Weltausstellung in Melbourne gewesen, als er in Neapel seinen afrikanischen Vortrag hielt? Bitte schreiben Sie gleich – und gleich möglichst viel, denn ich bin sehr neugierig.

Hochachtungsvoll Ihr

Scheerbart.

Friedenau bei Berlin, 17. Juli 1910.

Geehrter Herr Scheerbart!

Wenn die Sache so steht, dann ist ja alles gut. Also: der Baron will nicht, daß man über seine afrikanische Existenz redet und schreibt, nicht wahr? Nun – dann ist es doch einfach Sache des Anstandes, die ganze Geschichte ruhen zu lassen. Ich verstehe da nicht, warum Sie noch nicht mit Ihrer Aufklärungsarbeit abgeschlossen haben. So viel steht fest: Ende 1904 war der Baron in Melbourne. Er kam also nach Melbourne, nachdem er in Europa schon gewesen war. Alles Andre halte ich jetzt für endgültig erledigt.

Hochachtungsvoll Asenikoff.

Petersburg, 20. Juli 1910.

Werter Herr Asenikoff!

Ihr Ton ist sehr scharf. Sie werfen mir ganz einfach veritable Taktlosigkeit vor. Indessen – der Fall liegt hier doch anders, als Sie denken. Wir wissen doch schon eine ganze Reihe von Tatsachen über den Aufenthalt des Barons in Afrika. Und wir wissen doch, daß der Baron dabei gar keine anstößigen Erlebnisse gehabt haben kann, denn er war hundert Jahre hindurch Sklave bei ganz kleinen fingerlangen Leuten und der einzige Mensch in der dortigen Gegend. Was soll er denn da Böses begangen haben? Man kann doch nur gegen Menschen Böses begehen. Alles Andre gilt doch nicht. Demnach – meine Taktlosigkeit existiert für mich nicht. Ich krame doch nicht in peinlichen Familienakten herum. Was denken Sie sich eigentlich? Ich halte die Verschwiegenheit des Barons in puncto Afrika einfach für einen lustigen Spaß. Er will seine Verehrer ein bißchen foppen und mal so recht geheimnisvoll tun – zum Spaß – zum Spaß!

Und darum bitte ich Sie nun recht inniglich: schreiben Sie mir doch, was Sie von den kleinen Leuten wissen. Ich weiß, daß diese Kleinen einen unzerreißlichen Stahldraht fabriziert haben, und auf diesem Draht sind die Kleinen immerzu auf und ab gefahren. Und nun kommt es: der Baron erzeugte die elektrische Kraft, die bei dem Fahren der Kleinen verbraucht wurde, in einer Tretmühle durch ständiges Treten einer Motorenkomposition. Mehr aber weiß ich nicht. Der Baron war somit das Perpetuum mobile für die afrikanischen Zwerge – ihr »großes Licht«, wie sie ihn auch nannten. Aber das Perpetuierliche erscheint mir doch zweifelhaft. Der Baron muß doch mal geschlafen haben. Er kann doch nicht immerzu Tag und Nacht hindurch getreten haben. Das ist doch einfach gar nicht denkbar. Ganz und gar erscheint es mir ausgeschlossen, daß ein solcher tretender Zustand volle hundert Jahre ausgehalten haben könnte. Das hält doch kein Mensch aus.

Bitte, bitte, sagen Sie mir, wie es sich hiermit verhält, damit keine Unwahrheiten in den Bericht kommen.

Schrecklich muß ja die Treterei gewesen sein. Das gebe ich ja zu – selbst wenn es täglich nur zwölf Stunden gewesen sein sollten. Aber diese zwölf Stunden müssen doch der Entwicklung der geistigen Kräfte hinderlich gewesen sein. Und der Baron ist immer in so vollständiger geistiger Klarheit. Wir stehen hier in jedem Falle vor einem psychischen Rätsel. Bitte, schreiben Sie mir gleich.

In vorzüglicher Hochachtung
Ihr
Scheerbart.

Friedenau bei Berlin, 24. Juli 1910.

Sehr geehrter Herr Scheerbart!

Ihr Brief hat mich jedenfalls davon überzeugt, daß Sie durchaus in dem guten Glauben sind, mit Ihrem Forschungseifer Gefühle und Empfindungen der Beteiligten und auch der Nichtbeteiligten in keinem Falle verletzen zu können. Darum sage ich Ihnen: Wüßte ich noch etwas Näheres über den afrikanischen Aufenthalt des Barons – ich würde es Ihnen ohne Umstände verraten. Aber ich weiß Näheres *nicht*. Sie können's mir glauben. Mein Wort darauf. Daß der Baron hundert Jahre hindurch nicht einmal geschlafen haben sollte, halte ich für gänzlich ausgeschlossen. Andrerseits glaube ich aber, daß er seine Wächter gründlichst getäuscht hat, indem er eine kleine Maschine für sich arbeiten ließ. Ob sich's wirklich so verhielt, weiß ich nicht mehr. Aber es scheint mir das Wahrscheinliche. Die kleine Maschine – wahrscheinlich eine Dampfmaschine – hat eben die ganze Treterei besorgt. Und der Baron führte ein Herrenleben, wenn die kleinen Herrschaften dachten, er trete für sie. Das wäre wohl die einfachste Lösung. Ob sie stimmt, weiß ich nicht. Aber – sagen Sie's doch so, wie ich's Ihnen sage.

Hochachtungsvoll

Ganz
Ihr
Asenikoff.

Petersburg, 1. August 1910.

Hochverehrter Herr Asenikoff!

Heißen Dank für Ihren aufklärenden Brief. Ich werde unsern Briefwechsel einfach veröffentlichen und es dem Publikum überlassen, sich die ganze Sache zurechtzulegen. Es gibt ja so viele Dinge, die unbegreiflich sind. Warum soll ein hundertjähriges Sklavenleben nicht ebenso unbegreiflich sein und *bleiben*?

Hochachtungsvoll

Ganz
Ihr
Scheerbart.

Friedenau bei Berlin, 4. August 1910.

Die kosmischen Postillione

Eine Marionettentheater-Geschichte

Als der alte Baron Münchhausen im Februar des Jahres 1905 in Wien war, kam er auch eines Abends mit vielen Schauspielern und Schriftstellern zusammen. Und da sprach man mit besonderer Lebhaftigkeit von einem neuen Marionettentheater.

Münchhausen, der damals schon über hundertachtzig Jahre alt war, hörte anfänglich nur zu – er schien ein wenig ermüdet zu sein, was ja bei seinem Alter nicht verwunderlich erschien.

»Ein wirklich bedeutendes Marionettentheater«, sagte da plötzlich Hermann Bahr sehr laut, »kann natürlich nur in Wien entstehen.«

Der alte Baron erhob sich nach diesen Worten, räusperte sich vernehmlich – und es ward mäuschenstill im weiten Saal.

Alle blickten gespannt den alten Herrn an.

Und der sagte nun ruhig:

»Was Hermann Bahr soeben gesagt hat, ist nicht richtig: das bedeutendste Marionettentheater befindet sich auf Celebes, und dieses Theater dürfte nicht so bald übertrumpft werden.«

Es entstand ein kleiner Tumult.

Und der Baron wurde nun bestürmt, von diesem Theater auf Celebes zu erzählen.

Er sträubte sich anfänglich, aber schließlich erzählte er doch – wie nun folgt:

»Sie kennen wohl alle«, sagte er langsam, »die kleine Villenkolonie Wisacrêbo auf der Insel Celebes. Dort lebte ich vor anderthalb Jahren. Und auch die bekannte Frau Wanda Neumann lebte in dieser Kolonie. Und wie das so in den Tropen ist – man war immer sehr vergnügungssüchtig und kam oft auf merkwürdige Einfälle. Man vermißte besonders das Theater. Und da auf Celebes weder Schauspieler noch Schauspielerinnen lebten, so hatte Frau Neumann ein Marionettentheater gegründet. Wenn Sie aber glauben, daß dieses Theater mit den europäischen Marionettentheatern so ohne Umstände verglichen werden könnte, so irren Sie. Frau Neumann hatte etwas Großartiges gegründet. Entschuldigen Sie gütigst, daß ich so langweilig erzähle, aber ich bin wirklich etwas müde.«

Alle Anwesenden rückten nun sofort zusammen und baten den alten Herrn, nur ganz leise zu sprechen – da ja das laute Sprechen sehr anstrengend ist.

Und der alte Herr fuhr nun ganz leise fort:

»Es waren«, sagte er, »zweihundert Herren und fünfzig Damen im Zuschauerraum versammelt. Fast alle waren Deutsche. Und diejenigen, die nicht Deutsche waren, verstanden die deutsche Sprache, so wie wir sie verstehen. Wände und Decke des Zuschauerraums waren aus straffgespanntem Segeltuch hergestellt. Nach hinten zu wurde der Zuschauerraum niedriger. Und dann ging ein knisternder, rotseidener Vorhang auf, und wir sahen – den großen Sternhimmel mit dem Kreuz des Südens. Der Sternhimmel war kein gemalter. Wir sahen die Sterne des Himmels, die wir auch sonst allnächtlich auf der Veranda unsres Klubhauses sehen konnten. Natürlich starrten wir alle mit unsern Operngucken sehr interessiert die funkelnden Sterne des weiten Weltenraumes an und suchten überall nach einer neuen Erscheinung. Lange hatten wir auch nicht zu warten; wir bemerkten bald östlich vom Kreuz des Südens einen kleinen Kometen, dessen Schweif immer länger wurde. Und dann flogen ein paar Sternschnuppen vorüber. Und danach fiel ganz langsam eine grüne Feuerkugel vom Himmel herunter und wurde so groß wie zehn Monde zusammen. Und plötzlich blieb die Kugel in der Luft stehen, und die Kugel bekam in der unteren Hälfte eine mundartige Öffnung. Und wir hörten, wie sie zu uns in deutscher Sprache mächtig laut sprach. Es war eine helle Stimme, die einer Frauenstimme ähnelte. Aber die Stimme klang ganz anders, als menschliche Stimmen klingen. Was die Stimme sagte, weiß ich nicht mehr. Jedenfalls teilte sie uns in umständlicher Form die Ankunft verschiedener Kometen mit, die sie »kosmische Postillione« nannte. Die grüne Feuerkugel schwankte dann hin und her und wurde allmählich kleiner und schließlich so klein, daß sie im Himmelsraum bald nicht mehr gesehen werden konnte. Hiernach kam aber der Komet, den wir neben dem Kreuz des Südens gleich anfangs bemerkt hatten, immer näher, und sein Schweif entwickelte sich immer prächtiger, bekam viele Nebenäste und fein geschwungene Haarlinien. Und der Kern des Kometen wurde auch so groß wie zehn Monde und bekam tausend Augen und auch eine mundartige Öffnung im unteren Teile. Und dann hörten wir eine furchtbare Baßstimme – die dröhnte, daß die Decke und die Wände des Zuschauerraumes zitterten. Vom fernen

Andromedanebel erzählte der Komet. Und dem ersten Kometen folgten noch mehrere andere Kometen – und die unterhielten sich nun vor uns vom fernen Andromedanebel. Und die Unterhaltung der furchtbar lauten Stimmen war sehr lustig. Von vielen neuen Sternen erzählten die Kometen. Und die Kometen wurden bald wieder größer und dann wieder kleiner, so daß ihre Stimmen öfters so klangen, als kämen sie aus weiter Ferne. Natürlich veränderte sich auch fortwährend die Gestalt der Kometen. Und während diese »Postillione« nun im Weltenraume herum sausten, kam auch der große Jupiter näher. Und da hätten Sie die Stimme des Jupiter hören sollen – das war so, daß uns die Ohren gellten – daß man's gar nicht aushalten konnte. Und dabei zitterten die Segeltuchwände so heftig, daß ein starker Windzug entstand, der die heiße Tropennachtluft sehr angenehm kühlte. Das war ein ganz famoses Marionettentheater.«

Der alte Baron Münchhausen hielt erschöpft inne und zog sein blauseidenes Taschentuch vor und fächelte sich Luft zu.

»Mir ist bei der Erzählung so warm geworden«, sagte er jetzt ganz laut, »daß ich fast die Empfindung habe, als säße ich immer noch vor dem Tropenhimmel der Frau Neumann auf Celebes in der bekannten Villenkolonie Wisacrêbo.«

Nun sprachen alle Zuhörer lebhaft durcheinander und wollten vom alten Baron Näheres von diesem Theater wissen; man wollte hauptsächlich wissen, was die Kometen, die großen Postillione des Himmels, gesagt hatten.

Der alte Herr erklärte jedoch, daß er sich beim besten Willen nicht mehr ordentlich darauf besinnen könnte.

»Sehen Sie«, sagte er wieder ganz leise, »so ganz einfache Geschichten erzählten die kosmischen Postillione nicht. Sie kamen samtlich vom Andromedanebel her, und sie sprachen, soviel ich mich erinnern kann, nur vom Andromedanebel. Dort sollten, wie sie berichteten, in einer einzigen Äonennacht nicht weniger als 60 Trillionen neuer kristallförmiger Sterne entstanden sein. Die neuen Sterne, sagten die Kometen, sähen so wie riesige Diamanten aus und bewegten sich so wie Schneeflocken, durch die ein paar Wirbelwinde von verschiedenen Seiten durchfahren. Diese Nachrichten vom Andromedanebel brachten sie zunächst dem Jupiter, der natürlich gleich erklärte, daß er ja längst von der Existenz der neuen Sterne durch seine besonderen Wolkenorgane erfahren habe. Aber danach wollte er nun von den Kometen mehr über die

Diamantsterne hören. Und davon erzählten die Kometen mit ihren ungeheuren Stimmen sehr viel. Die Damen und Herren auf Celebes tragen alle sehr viele Diamanten, und daher war ihnen die Entstehung der Diamantsterne sehr interessant. Nun fragen Sie mich aber zuviel, wenn Sie von mir mehr über die rätselhafte Geburt der 60 Trillionen Diamantsterne wissen wollen.«

Der Baron schwieg wieder und fächelte sich wieder mit seinem blauseidenen Taschentuche Luft zu.

Hierauf wollten nun alle Näheres über die technischen Einrichtungen des tropischen Marionettentheaters hören. Der alte Baron ließ sich aber sehr lange bitten und schützte immer wieder Müdigkeit vor.

Schließlich sagte er ganz leise:

»Die Heranführung der Kometen ist ja natürlich auf einem freien Gartenterrain in dunkler Nacht, wenn der Mond nicht scheint, nicht so schwierig. Die Täuschung der Zuschauer war jedenfalls eine vollendete. Und ich möchte auch glauben, daß jeder Pyrotechniker ein derartiges Kometenschauspiel arrangieren könnte. Das ist doch nicht so was Ungeheures. Man könnte sich beinahe wundern, daß so was in Europa noch niemals versucht ist. Aber wir wissen ja alle, wie weit Europa in künstlerischen und technischen Dingen zurück ist. Und dann: daß sich die Stimmen der Menschen durch Schallröhren und andere Instrumente ganz gewaltig verstärken lassen, das wissen wir doch zur Genüge. Und so dürfte ja wohl ein Optimist behaupten, daß demnächst in Wien ein kosmisches Marionettentheater entstehen könnte, das weit bedeutender ist, als das der Frau Neumann auf Celebes. Indessen – mich werden Sie nicht so leicht dazu verführen, an die Unternehmungslust europäischer Theaterdirektoren zu glauben. Es müssen doch auch erst die größeren Stücke für das kosmische Marionettentheater geschrieben werden.«

Nach diesen Worten entstand abermals ein kleiner Tumult; alle anwesenden Schriftsteller erklärten lachend, daß nichts so einfach sei – wie das Schreiben von derartigen Stücken.

Der Baron schüttelte jedoch wehmütig den Kopf und sagte dann noch leise: »Das Beste wäre wohl, Sie veranlaßten die Frau Neumann, nach Wien zu kommen; die könnte Ihnen wohl ein Marionettentheater so einrichten, wie Sie's haben wollen.«

Mit diesen Worten verließ der Baron sehr schnell die Gesellschaft.

Als der Baron fort war, fragte Hermann Bahr einige Schauspieler:

»Kennen Sie vielleicht die Frau Wanda Neumann?«

Aber Niemand kannte die Dame.

Man beschloß, den alten Baron am nächsten Tage nochmals zu befragen.

Indessen – der alte Baron war am nächsten Morgen schon abgereist.

Die drei Baumstaaten

Eine Staatsgeschichte

Als der alte Baron Münchhausen im März des Jahres 1905 in Constantinopel lebte, veranstaltete eine alte Dame, um den alten Herrn ganz besonders zu ehren, ein Gartenfest, zu dem nur Damen und Herren geladen wurden, die das sechzigste Lebensjahr bereits überschritten hatten.

Nun befand sich aber, wie ja schon längst überall bekannt ist, die achtzehnjährige Gräfin Clarissa vom Rabenstein als unzertrennliche Begleiterin des hundertundachtzigjährigen Barons ebenfalls in Constantinopel.

Der Baron wollte daher dieses Gartenfest der alten Leute anfänglich gar nicht besuchen, um seiner verehrten Clarissa keinen Ärger zu bereiten. Als diese jedoch von der Einladung erfuhr, erklärte sie ihrem Baron, daß sie sich als alte Dame aufputzen würde.

Da nahm denn der Baron die Einladung an, und die Clarissa begleitete ihn.

Der Garten, in dem alle die alten Leute zusammenkamen, lag am Meere, und auf dem Meere wurde natürlich sofort ein Feuerwerk abgebrannt, als der alte Münchhausen erschien.

Nach dem Feuerwerk wurde der ganze Garten elektrisch erleuchtet; sämtliche Lichter befanden sich unter farbigen Gläsern, die auch auf dem Erdboden dicht neben den Fliesenwegen angebracht waren.

Durch einen sinnreichen Mechanismus ließen sich alle farbigen Gläser mit einem Ruck verschieben, so daß andere Farbenteile der Gläser sich über das elektrische Licht legten. So kams, daß alle fünf Minuten der Garten ganz anders erleuchtet wurde als bisher. Die elektrischen Lichter saßen in ungeheurer Zahl auf allen Bäumen, auf allen Kiosken und Zelten und auch auf den Teichen, auf denen große weiße Schwäne herumruderten; sämtliche Schwäne trugen elektrische Flammen am Halse – so, als wärens Brillanten.

Der Garten wurde im Volksmunde der Seegarten genannt. Und in der Ferne sah man, wie die Haremsdamen des Sultans die Lichtwunder des Seegartens mit Operngucker bewunderten.

Der Baron fand natürlich alles entzückend und superb, die Gräfin Clarissa fiel beinahe aus ihrer Großtantenrolle; das ward aber glücklicherweise von der Gesellschaft nicht gesehen.

Nach dem Abendbrot, das des Kontrastes wegen nur aus türkischem Lagerbier mit belegten Stullen bestand, sollte der alte Baron selbstverständlich was erzählen; man bat ihn aber um eine ganz ernsthafte Geschichte für alte Leute.

Münchhausen ließ sich nicht lange nötigen, steckte sich einen türkischen Tschibuk an und erzählte – umgeben von Millionen Lichtwundern, die sich immer schneller veränderten und verschönerten – eine Staatsgeschichte.

»Sie wissen ja Alle«, begann er leutselig, »daß hinterm Neptun noch mehrere andre Planeten zu finden sind, die auch unsre große Sonne bewundrungsvoll umkreisen. Dort also – über achthundert Millionen Meilen hinter dem Neptun – fand ich einen seltsamen Planeten, dessen Körper aus drei kolossalen Bäumen bestand; das Wurzelwerk hatte sich dermaßen um einander geknotet, daß die drei Bäume unzertrennlich zusammengewachsen waren. Unter diesen Bäumen dürfen Sie sich aber nicht Bäume denken, die denen ähnlich sehen, die wir hier im Garten bewundern können. Die drei Bäume auf jenem fernen Planeten bestehen aus steinharten Stämmen und Ästen. Und diese Stämme und Äste haben an vielen Stellen einen Umfang von vielen Meilen. Und das, was unsern Erdbaumblättern, Erdbaumblüten und Erdbaumfrüchten entsprechen könnte, ist nun so ganz anders, daß die Beschreibung dieses Anderen zweifellos hier zu weit führen würde. Sie müssen sich schon damit begnügen, wenn ich Ihnen erkläre, daß die drei Bäume von oben bis unten bewohnt sind – und zwar von Lebewesen, die einen ziemlich langen, schlangenartigen Körper besitzen und viele Arme mit sehr geschickten Fingern. Wenn Sie, meine Herrschaften, hier in diesem Garten diese Erdbäume betrachten, die mit so vielen elektrischen Lichtern geschmückt sind, so können Sie sich leicht auch eine Vorstellung von den Baumbewohnern jenes fernen Planeten bilden, denn diese Baumbewohner mit ihren Schlangenleibern sind auch elektrischen Flammen gleich, da die ganzen Baumbewohner elektrisch leuchten – und zwar in allen Körperteilen. Nur wenn diese Baumbewohner schlafen, vergeht auch das Licht, das sie ausströmen. Weitere Schilderungen dieser seltsamen Lichtwesenwelt führen aber, wie gesagt, zu weit ab von dem, was ich ganz besonders schildern wollte. Jeder der drei Planetenbäume unterscheidet sich von dem andern so gewaltig, daß man die drei, obschon sie zusammengewachsen sind im Mittelpunkte des Sterns, nicht mit einander verwechseln kann. Nun kommt noch Folgendes hinzu: Die Lebewesen, die auf den drei Bäumen wohnen, unterscheiden sich ebenso von einander, wie die Bäume, auf denen sie leben. Wir haben somit drei Rassen auf jenem fernen Planeten. Und diese Rassen sind allmählich zu drei großen Baumstaaten geworden.«

Hier wurde der Baron durch das Geschrei der Dienerschaft unterbrochen. Alle Gäste blickten zum großen Teich und sahen dort ein gräßliches Schauspiel: Die Schwäne hatten, durch ihren elektrischen Halsschmuck verführt, einander gebissen – und plötzlich gingen immer zwei und zwei Schwäne wütend auf einander los; sie umschlangen sich mit ihren starken Hälsen – so daß sich Hals um Hals wand. Und dabei zerbrachen natürlich die elektrischen Blüten und verwundeten die Hälse der Tiere dermaßen, daß alle Schwäne in ein paar Minuten sich gegenseitig getötet hatten. Als die Diener schreiend auf den Kähnen herbeieilten, waren die großen Tiere bereits verendet. Das furchtbare Schauspiel hatte nur ein paar Minuten gedauert.

Das war nun ein rechter Mißton.

Die Diener weinten und schleppten die toten Tiere, an denen einzelne elektrische Lichter noch hell leuchteten, ans Ufer. Viele Damen fielen in Ohnmacht.

Und der Baron wurde sehr mißgestimmt.

Der große Teich war bald ganz dunkel.

Und viele Gäste wollten gleich nach Hause fahren. Man schützte Nervenerschütterung vor.

Da jedoch erst die Damen, die in Ohnmacht gefallen waren, wieder zum Bewußtsein gebracht werden mußten, so konnte Niemand so schnell fort.

Nun aber stieg der Baron Münchhausen, während er die Hand der Gräfin Clarissa als Stütze benutzte, auf einen Stuhl und schrie mit gewaltiger Stimme – er hat bekanntlich eine sehr tiefe Baßstimme – so laut in den Garten hinein, daß alle Damen mit einem Ruck aus ihrer Ohnmacht erwachten.

Als nun alle wach waren, sagte der Baron:

»Meine Damen und Herren, das Unglück mit den Schwänen ist natürlich sehr beklagenswert. Daß Sie aber deshalb gleich nach Hause gehen wollen, finde ich unerhört. Wollen Sie denn nicht meine Geschichte zu Ende hören? Glauben Sie, ich sei nur hierher gekommen, um eine halbe Geschichte zu erzählen? Glauben Sie, daß Schwäne, wenn sie sich selber umbringen, dadurch auch meine Geschichte von den drei Baumstaaten umbringen können? Ich glaube: Sie werden das nicht glauben. Und darum bitte ich Sie, wieder Platz zu nehmen und den zweiten Teil meiner Staatsgeschichte anzuhören – sonst beleidigen Sie mich, und ich erzähle Ihnen nie wieder eine Geschichte.«

Nach diesen Worten reichten die Diener Wein herum, die Damen trockneten sich ihre Tränen von ihren Wangen ab, und der Baron fuhr fort:

»Auf jenem fernen Planeten waren die drei Baumstaaten auch drei Dinge, die vor einander scheuten und sich gegenseitig an den Hals fuhren, wie es unsre schönen Schwäne auf dem großen Teich soeben getan haben. Aber die drei Baumstaaten bekämpften sich in einer viel böseren tückischeren Art: sie machten große mit Sprengstoff gefüllte Blasen, setzten auf diese Blasen besonders gebildete Mannschaften rauf, schossen diese Blasen in die Atmosphäre des Sterns hinein und überließen es nun den besonders gebildeten Mannschaften, die Blasen so zu lenken, daß diese grade dann platzten, wenn feindliche, ähnlich konstruierte Blasen vom nachbarlichen Baumstaate auch in die Atmosphäre hineingeschossen wurden. Kurzum: Die Blasen mit dem Sprengstoff sollten einander bekämpfen, wie sich auf dem Erdrindenwasser die Kriegsschiffe bekämpfen.«

Der Baron ließ sich einen Krug Münchner Bier geben, trank ihn aus und sagte dann lachend:

»Jetzt wollen Sie wohl wissen, was jetzt folgt. Ja, das kann ich mir denken. Na – die Blasen mit dem Sprengstoff platzten anfänglich ganz nach Vorschrift, machten, daß die Blasen der Gegner auch platzten – und daß die besonders gebildeten Mannschaften, die die Blasen lenkten, auf beiden Seiten in der Luft verpufften. Die nun folgenden Lenker sahen, daß weder Feind noch Freund übrig blieb, und sie beschlossen daher, so vorsichtig in der Atmosphäre herumzurudern, daß ein Platzen nicht möglich würde. Und da sah man denn bald die ganze Atmosphäre mit Blasen angefüllt, in denen sich Sprengstoffe befanden, die *nicht* mehr explodierten.«

Der Baron schwieg und sah sich still um.

Die alten Herren dachten nach.

Die alten Damen putzten ihre Lorgnetten.

Die bunten Lichter des Gartens flammten mit einem Ruck wieder in neuen Farben auf. Und im Hintergrunde wurden die toten

Schwäne von den wehklagenden Dienern begraben. Der Baron hörte das Schluchzen der Diener, und die Gäste hörten das Schluchzen ebenfalls.

Da fragte eine alte Dame leise:

»Wie gehts nun weiter?«

Da lachte der Baron und sagte:

»Aber meine Gnädigste, als die Lenker der Sprengstoffblasen das Explodieren ihrer Fahrzeuge verhinderten, lernten die Vertreter der drei Baumstaaten sich allmählich in ihrer Atmosphäre näher kennen – und dann schloß man Frieden – während die Blasen als kleine Monde den Stern mit den drei Baumstaaten immerzu in feinen Kurven umkreisten. Und so wird auch das Kriegführen der Menschenrassen dazu führen, daß sich alle Menschenrassen schließlich brüderlich um den Hals fallen – aber nicht so wie die verrückten Schwäne, die jetzt im Hintergrunde begraben werden.«

Nach diesen Worten sprang der Baron vom Stuhle runter, faßte den rechten Arm der Gräfin Clarissa und ging im Sturmschritt zum Garten hinaus.

Die Gäste waren durch diesen raschen Abgang dermaßen verblüfft, daß sie erst zur Besinnung kamen, als der Baron schon weit fort war.

Die alten Herren aber schüttelten zu dieser Staatsgeschichte sehr lebhaft mit den alten Köpfen.

Und in der Ferne bewunderten noch immer die Haremsdamen des Sultans die Lichtwunder des Seegartens mit Operngückern.

Der Humor als Lebenselixier

Eine anamitische Geschichte

Der jetzige Kaiser von Anam befand sich im August des Jahres eintausendneunhundertundfünf auf einer großen Inspektionsreise; er fuhr durch alle Teile seines weiten Reiches und erkundigte sich überall eifrig nach den sozialen Verhältnissen und ward dabei sehr mißgestimmt, da sich sehr bald herausstellte, daß die sozialen Verhältnisse verbesserungsbedürftig seien – sehr verbesserungsbedürftig.

»Wenn ich die Lebensverhältnisse in meinem Lande«, sagte er schließlich zu seinem Ober-Schatzmeister, »erträglich machen wollte, so müßte ich ja mindestens noch hundert Jahre leben. Aber so alt werde ich doch nicht. Wer gibt mir das Lebenselixier, das mich noch hundert Jahre am Leben erhält? Jetzt bin ich schon fünfzig Jahre alt. Wie mach ich's, daß ich hundertundfünfzig Jahre alt werde? Ober-Schatzmeister, wissen Sie nicht, wie ich das mache?«

Der Ober-Schatzmeister kratzte sich in seinem schwarzen Backenbart und sagte lächelnd:

»Na, wir wollen mal sehen, was ich in dieser Angelegenheit machen kann.«

Der Kaiser machte große Augen.

Er sah seinen Ober-Schatzmeister lange an und sagte dann ernst:

»Lieber Freund, ich bin zu Späßen nicht aufgelegt; wie soll ich Ihre Antwort verstehen?«

»Wenn Majestät mir«, versetzte der hohe Beamte, »freie Hand lassen wollten und tun möchten, was ich anordne, so könnten wir in einigen Tagen Näheres über diese Lebensverlängerungsangelegenheit erfahren.«

Der Kaiser gab sofort den Befehl, den Anordnungen des Ober-Schatzmeisters für die nächsten acht Tage unbedingt Folge zu leisten.

Und der Ober-Schatzmeister führte seinen Kaiser mit seinem ganzen Gefolge in ein kleines Dorf, allwo sich alle beim Schulzen, so gut es ging, einquartierten; der Kaiser war gespannt.

Es war der zweite September des Jahres eintausendneunhundertundfünf, und in demselben Dorfe, in dem sich jetzt der Kaiser von

Anam niedergelassen hatte, lebte auch ein deutscher Baron namens Münchhausen, der täglich auf die Klapperschlangenjagd ging.

Der Baron war nur der Klapperschlangenjagd wegen nach Hinterindien gekommen; in seiner Begleitung befand sich die Gräfin Clarissa vom Rabenstein, die immer die Schlangenjagden mitmachte. Sie war noch sehr jung, er aber schon sehr sehr alt.

Diesem seltsamen Paare stattete der Ober-Schatzmeister des Kaisers von Anam in aller Frühe zum zweiten September einen Besuch ab.

»Könnten Sie nicht, Herr Baron«, sagte er lächelnd, »heute die Schlangenjagd sein lassen? Es wäre möglich, daß Sie der Kaiser von Anam noch heute zu sprechen wünschte; ich bin von Ihrem Aufenthalte in Hinterindien bereits unterrichtet – Ihren Paß habe ich schon gesehen.«

Der Baron rief die Gräfin Clarissa ins Krugzimmer und sagte:

»Wir sollen heute zum Kaiser von Anam kommen, die Klapperschlangenjagd soll heute unterbleiben; ist dir das recht?«

»Meinetwegen!« sagte die Gräfin.

Da ging denn der Ober-Schatzmeister zu seinem Kaiser und sprach also:

»Großmächtiger Monarch, es ist mir gelungen, heute einen Mann aus Europa zu sehen, der laut Taufschein und Paß volle hundertundachtzig Jahre alt ist – ja, er ist bald hundertundeinundachtzig Jahre alt. Und trotzdem geht er noch alle Tage auf die Klapperschlangenjagd. Von diesem Manne müssen wir doch erfahren können, wie man sein Leben verlängern kann; der muß doch das sogenannte Lebenselixier entdeckt haben. Darf ich den Mann feierlich holen lassen? Er ist hier im alten Dorfkruge und geht heute nicht auf die Klapperschlangenjagd; das weiß ich ganz genau.«

»Sagen Sie mal, mein Bester«, rief da der Kaiser mit ganz lauter Stimme, »glauben Sie, ich lasse mich von Ihnen zum besten halten? Wenn Sie mir nicht umgehend beweisen können, daß der Mann tatsächlich hundertundachtzig Jahre alt ist, so lasse ich Ihnen sofort den Kopf abschlagen. Ich lasse mich nicht verulken. Holen Sie den Mann her – meinetwegen mit dem allerfeierlichsten Gepränge.«

Der Ober-Schatzmeister streichelte seinen Kopf und seinen Hals und sagte, gutmütig lachend:

»Kopf und Hals ist ganz fest – geht nicht ab – geht nicht ab!«

»Das werden wir sehen!« brüllte der Kaiser.

Der Baron Münchhausen und die Gräfin Clarissa wurden danach in zwei Prachtsänften – vierundzwanzig weiße Elefanten vorne und vierundzwanzig weiße Elefanten hinten – zum Kaiser von Anam gebracht.

Das erste, was der Kaiser sagte, war dieses:

»Beweisen Sie mir, daß Sie tatsächlich einhundertundachtzig Jahre alt sind.«

Der Baron holte zwei Schriftstücke aus seiner Tasche – seinen Taufschein und seinen Reisepaß.

Der Ober-Schatzmeister rief triumphierend:

»Der Paß ist im Mai dieses Jahres vom Berliner Polizei-Präsidium ausgestellt – wenn das nicht genügt – «

»Das genügt!« rief der Kaiser und fiel seinem Freunde um den Hals.

Dann bat er den Baron und die Gräfin, Platz zu nehmen – was diese auch sofort taten.

»Sie heißen Münchhausen«, ergriff nun der Kaiser das Wort, »sind Sie derselbe Münchhausen, der im achtzehnten Jahrhundert auf Kanonenkugeln in der Welt herumritt?«

»Eben der!« versetzte der Baron.

»Ja, wenn Sie der Baron sind, so sind Sie ja der berühmteste Mann unsrer Zeit. Wie haben Sie's denn nur angefangen, Ihr Leben so lange zu erhalten? Sind Sie schon in Europa gewesen? Sie sind ja ein Weltwunder. Ihnen gegenüber sind ja die siamesischen Zwillinge einfach gar nichts.«

Der Baron strich sich mit seiner rechten braunen Hand über seine kurzgeschorenen Haupthaare, strich sich den schneeweißen Schnurrbart rechts und links in die Höhe, lächelte, daß die unzähligen Falten seines dunkelbraunen Gesichts hin und her zuckten und sagte langsam:

»Majestät geruhten, zwei Fragen an mich zu richten; ich werde mir erlauben, zunächst die zweite Frage zu beantworten: in Europa war ich am Anfange dieses Jahres und hatte das Vergnügen, zu bemerken, daß man sich dort überhaupt nicht mehr wundern kann; man nahm kaum von meiner Anwesenheit Notiz. Diese gradezu bewunderungswürdige Unberührbarkeit der europäischen Menschennatur wird diese jedenfalls befähigen, große schwere Schicksalsschläge mit Würde zu ertragen. Es steht fest, daß Pest,

Krieg und Revolution den Europäer nicht aus dem Gleichgewicht bringen werden.«

»Die Leute sind da nämlich ganz und gar stumpfsinnig geworden«, sagte die Gräfin Clarissa vom Rabenstein, »die Europäer leiden momentan an der sogenannten Massen-Idiotie. Wenn man einen Europäer mit dem Kopf gegen eine harte Wand stößt, so sagt er immer: Was bullert denn da?«

Da rief der Kaiser von Anam lachend:

»Das müssen ja furchtbar lustige Zustände in Europa sein. Ja – ja – ich hab's ja immer zu meiner Umgebung gesagt: Aus Europa kann noch mal was Gutes werden. Aber, meine gnädigste Gräfin, wir in Anam sind nicht so – abgebrüht; wir können uns noch wundern, und wir können auch noch das Wunderbare verehren. Das Wunderbare ist ja immer in Hinterindien sehr beliebt gewesen. Vor acht Tagen sagte ich noch zu meinem Freunde, daß ich gern hundertundfünfzig Jahre alt werden möchte, um meinen Untertanen passable Lebensverhältnisse zu schaffen. Und nun habe ich das Glück, den Baron Münchhausen persönlich kennen zu lernen – und der ist schon hundertundachtzig Jahre alt. Wie ist das möglich? Erzählen Sie, Herr Baron! Ich vergehe vor Neugierde. Ich möcht Ihnen alles nachmachen. Ich möchte auch so alt werden wie Sie. Ich bin für Sie begeistert. Sie können hier in Hinterindien alles von mir haben, was Sie wollen. Denken Sie an meine armen Untertanen! Wie würden die sich freuen, wenn ich auch so alt würde – wie Sie, Herr Baron! Erzählen Sie mir alles! Lassen Sie mich nicht länger bitten. Ich lege Ihnen mein halbes Kaiserreich zu Füßen.«

»Das nimmt er nicht an!« rief da lachend die Gräfin, »denn wir haben keine Zeit zum Regieren; wir müssen überall Geschichten erzählen.«

»Na«, sagte der Kaiser, »ich will ja auch nicht gleich mein halbes Reich loswerden. Ich danke Ihnen, daß Sie mich nicht beim Worte nehmen. Ober-Schatzmeister, bringen Sie der Gräfin ein Dutzend kinderfaustgroße Smaragde.«

Der Ober-Schatzmeister gab sofort seinen Unterbeamten den Auftrag, die Smaragde umgehend herbeizuschaffen.

Und der Baron Münchhausen sprach nun so:

»Ehrwürdiger Beherrscher der Anamiten, der Sie diesen ein guter Vater sind, was Sie mich fragen, ist sehr einfach zu beantworten: Der sogenannte Humor vermag ganz allein unser Leben zu verlängern. Andere Mittel gibt es nicht; andere Mittel habe ich auch niemals angewandt.«

»Der Humor?« rief nun der Kaiser, »wie ist das möglich? Erklären Sie sich deutlicher.«

»Das will ich gern tun«, versetzte der Baron ganz langsam, »Sie werden es nicht bestreiten, wenn ich behaupte, daß nur der Ärger den Menschen älter macht. Wer aber hat keinen Ärger? Doch nur derjenige, der allezeit einen guten Humor bei sich hat. Wer seinen Humor nicht verliert, kann sich nicht ärgern. Ich sehe, daß Sie mir zustimmen. Nun weiter, Majestät! Außer dem Ärger gibt es noch eine zweite Plage, die den Menschen älter macht: Die Langeweile! Und da muß ich nun auch sagen, daß demjenigen, der immer seinen Humor bei sich hat, die Langeweile eine ganz unbekannte Sache bleibt. Ich sehe abermals, daß Sie mir zustimmen, Majestät. Nun hätte ich Ihnen nur noch zu erklären, wie Sie zum guten Humor kommen – dann hätten Sie das Lebenselixier in der Hand.«

»Ja«, flüsterte der Kaiser, »dann hätte ich das Lebenselixier in der Hand.«

Die Unterbeamten des Ober-Schatzmeisters brachten der Gräfin Clarissa vom Rabenstein die zwölf kinderfaustgroßen Smaragde; sie bedankte sich beim Kaiser aufs herzlichste, steckte die edlen Steine in die Tasche, und der Baron fuhr fort:

»Der Humor vernichtet den Ärger und die Langeweile. Und da diese das Leben verkürzen, so vermag der Humor, durch Vernichtung dieser beiden Lebensverkürzer, das Leben zu verlängern. Das ist ohne weiteres einzusehen; ich sehe, daß auch Eurer Majestät Umgebung diese Geschichte vollkommen versteht.«

Alle nickten und lächelten und fühlten sich sehr geschmeichelt.

Der Baron schwieg nun ein paar Augenblicke und sah den Kaiser ganz verschmitzt an, so daß dieser ganz verlegen wurde und stotternd bemerkte:

»Ich bin nicht geizig; ich weiß nur nicht, was ich Ihnen verehren dürfte; alles, was ich habe, erscheint mir so wertlos Ihrem – Lebenselixier gegenüber.«

»Oh«, rief Gräfin Clarissa, »mein Baron ist so reich, daß er gar nichts haben will; er macht sich auch aus allen Schätzen gar nichts; das können Sie mir ganz bestimmt glauben, Majestät.«

»Aber«, sagte diese nun, »jetzt möchte ich doch noch gern in ein paar Worten hören, wie man's anfängt, wenn man einen guten Humor bekommen will.«

»Das ist sehr einfach«, erwiderte lebhafter der alte Münchhausen, »man muß nur immer jeder Sache ein paar gute Seiten abgewinnen – auch jeder bösen und unangenehmen Sache. Wenn Majestät plötzlich vom Throne herunterfallen und sich einen Arm dabei brechen, so müssen Sie sich freuen, daß jetzt Ihr Arzt wieder eine gute Belohnung für die Armbehandlung bekommt. Und wenn Sie bemerken, daß Ihre Untertanen täglich dümmer werden, so müssen Sie sich freuen, da ja die Dümmeren immer empfänglicher für alles Gute sind – als die sogenannten Klügeren. Kurzum: Es handelt sich darum, daß man in jedem Augenblicke seines Lebens immerzu neue gute Seiten an allen Dingen entdeckt – besonders an den bösen Dingen. Dann bekommt man ohne Zweifel einen guten Humor, wird sich niemals ärgern und sich niemals langweilen – und wird jeden Tag älter.«

Da sagte der Kaiser von Anam sehr ernst:

»So ganz einfach ist das wohl nicht; es gehört ein allezeit parater Witz dazu. Und außerdem muß man wohl auch ein guter Mensch sein, wenn man überall – auch im Bösen – etwas Gutes entdecken will.«

»Das ist«, bemerkte da die Gräfin Clarissa, »ganz unumgänglich notwendig; einen bösen Humor gibt es eben nicht.«

»Wer sich ärgert«, sagte Münchhausen, »hat ja das Ärgerliche nicht überwunden – ist böse – und entdeckt nicht die guten Seiten des Ärgerlichen. Solch ein Ärgerlicher hat gar keinen Humor und wird sich bald durch seinen Ärger ins Grab bringen – oder sterben vor Langeweile.«

Der Kaiser von Anam stand auf, reichte dem Baron die Hand und sagte:

»Sie haben mir mehr gegeben, als alle Herrscher der Erde besitzen – Sie haben mir das einzige Mittel gegeben, mein Leben zu verlängern. Ich werde ewig Ihr Schuldner bleiben. Aber jetzt sollen gleich meine Schreiber kommen und das, was Sie sagten, aufschreiben. Ich will dieses Lebenselixier meinem Volke nicht vorenthalten. Alle Anamiten sollen so alt werden, wie der alte Baron Münchhausen.«

Und nach diesen Worten umarmte der Kaiser den alten Baron Münchhausen.

Und die Hofbeamten riefen alle zusammen mit lauten Stimmen:

»Lange lebe der Kaiser!«

Da rief der Kaiser aber lachend:

»Das ist nicht genug! Ihr müßt rufen: lange lebe das Volk! Dann lebe ich auch lange, denn ich gehöre doch zu euch!«

Da riefen die Hofbeamten:

»Lange lebe das Volk!«

Münchhausen wollte danach gleich wieder mit seiner Gräfin auf Klapperschlangenjagd gehen – aber der Kaiser sagte:

»Nein, heute müssen Sie bei mir zu Mittag essen!«

Und so geschah es.

Flora Mohr

Eine Glasblumen-Novelle in acht Kapiteln

Erstes Kapitel

Der Minister Mikamura warf seinen Zahnstocher in seinen großen Garten und rief alle seine Diener zusammen. Und während sie zusammenkamen, ging im Osten über dem stillen Ozean die Sonne auf, und gleich danach fuhr das Automobil des Barons von Münchhausen in Mikamuras großen Garten hinein.

Es war der 18. November des Jahres 1905 p. Chr. Mikamura hatte alle Damen und Herren der Umgegend eingeladen, Vorträgen des Barons von Münchhausen zuzuhören. Die Gäste warteten auf der großen Dachterrasse, auf der man im Osten den Stillen Ozean mit Sonne sehen konnte. Die Japanerinnen hatten alle seidene bunte Gewänder an, die Japaner trugen Frack und Zylinder.

»Warum sind nur die Damen in Nationaltracht?« fragte der Baron, aber die Gräfin Clarissa vom Rabenstein, die den Baron begleitete, sagte gleich:

»Münch! Rede nichts Überflüssiges! Du wolltest von Mr. Weller in Melbourne erzählen!«

Die ganze Dachterrasse war mit gelben Segeltüchern überspannt, die Gäste des Ministers begrüßten den Baron und bewunderten sein frisches Aussehen, das er trotz seiner hundertundachtzig Jahre zur Schau trug.

»Wie kann man nur so schrecklich alt werden?« fragte die Gattin des Ministers.

Und die Gräfin Clarissa vom Rabenstein erwiderte:

»Man muß nur immer sich Mühe geben, bei guter Laune zu bleiben, dann wird man täglich älter.«

Der Baron setzte sich auf einen amerikanischen Mahagonisessel, die japanischen Damen setzten sich ringsum im Halbkreis auf den mit japanischen Matten bedeckten Fußboden, und die Herren im Frack setzten sich im Hintergrunde ringsum auch im Halbkreis auf weißlackierte Stühle; Alle, die zuhörten, konnten das Meer sehen, der Baron saß mit dem Rücken zum Meere; die Gräfin Clarissa trug japanische Kleider und saß mit den Japanerinnen zusammen in japanischer Manier.

Und der Baron erzählte:

Als ich im vorigen Jahre in Melbourne war, der großen Ausstellung wegen, besuchte ich auch meinen alten Freund Mr. William Weller, der allerdings mehr als hundert Jahre jünger ist als ich – aber doch nicht mehr zu den Jüngsten zählt. Weller hatte in der Nähe von Melbourne palastartige Gebäude, in denen er Glasblumen fabrizierte und in köstlichen Sälen ausstellte. Äußerlich wirkten die Gebäude wie die Anlagen eines großen botanischen Gartens, und im Freien sah man auch viele natürliche Blumen. Doch im Innern dieser Paläste gabs nur Blumen aus Glas – und Früchte aus Glas. Ich hatte viel davon gehört und war sehr neugierig.

In der Vorhalle – einer Rotunde – herrschte eine schwermütige feierliche Dämmerung wie in einer uralten Kirche. Man hörte keinen Laut von der Außenwelt und mußte Filzpantoffeln anziehen und ging auf einem dunkelvioletten sehr dicken und weichen Bodenbelag, der keine Musterung zeigte. In der Mitte der Rotunde wuchsen drei riesige Glaslilien aus dem Boden heraus.

Wenn ich aber von Lilien spreche, so bediene ich mich da nur eines Wortes, das ungefähr der Phantasie eine Richtung geben soll; Weller wollte keineswegs mit seinen Glasblumen eine Nachahmung der natürlichen bieten – nichts lag ihm ferner als dieses.

Diese Lilien hatten schneeweiße Stengel, und diese Stengel ähnelten ein wenig den Eisblumen, die wir im Winter an Fensterscheiben sehen. Die Stengel hatten Faustdicke und viele knollige Auswüchse und armbreite Äste, an denen sich zitronengelbe dütenförmige Blüten befanden; und aus diesen ragten lange perlmutterartig schillernde Staubfäden heraus in Spiralformen und in ganz unregelmäßig gedrehten und gewundenen Formen. Die zitronengelben Blüten waren meterlang, und es waren mehr als drei Blüten – es gingen aber nur drei faustdicke Stengel aus dem Boden heraus, der in der Mitte höher war als im übrigen Saal-Raum, sodaß man diesen Blüten nicht näher kommen konnte.

Jetzt aber, meine Damen und Herren, müssen Sie sich die Seitenwände der Rotunde vorstellen – da waren Rankengewächse vor schwarzen, straff gespannten Sammetwänden – das Astwerk der Ranken weiß und undurchsichtig – die Blüten blau rot und grün und vielfach durchsichtig. Diese Wandblüten waren alle klein – nur wenige hatten Handgröße. Und natürlichen Blüten ähnelten diese Glasblüten fast garnicht.

Als ich mich da zum ersten Male in dieser Rotunde befand,

staunte ich wohl eine gute halbe Stunde alles an – das Licht kam von der Kuppel herunter, die auf weißem undurchsichtigen Grunde schwarzes Linienornament zeigte. Und dann kam Mr. William und begrüßte mich.

»Aber Münch«, rief William gleich, »benimm Dich nur nicht so feierlich; an so was muß man sich schnell gewöhnen. Komm nur gleich hier in diesen Experimentiersaal – da will ich Dir einen künstlichen Eissee zeigen – der ist viel interessanter als diese uralte Rotunde.«

Und danach führte mich William in seinen Experimentiersaal. Ich dachte natürlich, daß da vieles durcheinanderliegen würde, dachte an Atelierstimmung und Ähnliches – doch es war da nur ganz finster.

Aber dann wurde der ganze Fußboden ganz hell – und ich sah, daß ich auf einem großen Glasboden stand, der durchsichtig eine phantastische Glasblumenwelt in der Tiefe unter uns sichtbar machte.

»Künstliches Eis!« sagte William.

Wände und Decke bestanden aus Tropfsteingrotten, und mein alter Freund schob mir zwei dicke Stricke unter die Arme; die Stricke wurden an den Wänden von Dienern gehalten, und ich ging nun gestützt von den Stricken neben meinem Freunde, der sich auch so stützen ließ, auf dem durchsichtigen Glasboden weiter. Und dabei sahen wir in die Tiefe.

Ach ja, meine Herrschaften, was ich da mit zwei Stricken unter den Armen zu sehen bekam, läßt sich leider nicht so leicht beschreiben. Ich sah in eine bunte, ganz fabelhafte Blumen- und Fruchtwelt hinein, und mit jedem langsamen Schritt auf Filzschuhen rutschend veränderte sich das bunte Bild unter uns.

Mr. Weller sprach dabei in einem fort:

»Du darfst nicht glauben«, sagte er, »daß da unten immer alles am selben Platze bleibt. Da unten laß ich täglich alles anders zusammenstellen. Und so hab ich täglich immer etwas anderes da unten zu sehen. Jede Blume sieht ganz anders aus, wenn sie dem Eisboden nahe ist – und anders, wenn sie sich tiefer befindet. Nun kommt noch hinzu, daß der künstliche Eisboden an vielen Stellen Vergrößerungslinsen hat – und auch Stellen, an denen das Glas nicht so dick ist – und auch Stellen, die große Höhlen und Vertiefungen haben. So wird die Glasblumenwelt da unten gar köstlich variiert. Und wenn ich nun Befehl gebe, unten die Blumen ein bischen herumzufahren, so hast Du einen Kaleidoskopeffekt erster Güte. Paß mal auf!«

Und dann kams, wie er sagte.

Und das müssen Sie sich nun mal vorstellen; Sie können Ihre Phantasie anstrengen, wie Sie wollen, die Wirklichkeit werden Sie nicht übertrumpfen.

Lange hielt ich natürlich diesen Farben-, Formen- und Funkenzauber nicht aus.

Als mein Freund merkte, daß es mich angriff, ließ er plötzlich unten alles dunkel machen – und da atmete ich auf, Sie können mirs glauben.

Dann frühstückten wir in einem großen Fruchtzimmer. Das erinnerte so an die Märchen von Tausend und Einer Nacht. Die Früchte bestanden aber nicht einfach aus Rubinen und Smaragden – diese Wellerfrüchte sahen noch köstlicher aus, obschon die Farben nicht so brannten wie bei den Brillanten.

Weller wollte die Kugelform in seinen Früchten überwinden und gab nun alle möglichen Formen, die anders als Kugeln sind – gleichzeitig vermied er das Krystallinische, sodaß man auch nicht an Brillanten erinnert wurde.

Das Innere dieser Kunstfrüchte wirkte zumeist noch interessanter als die äußere Form.

Ganz unbeschreiblich leuchteten aber die Farben. Die Farben, die im Glase hervorgebracht werden, sind ja viel herrlicher als alle anderen Farben; ein Farbenfreund muß eigentlich ganz naturgemäß zum Glasfanatiker werden.

Und so wars dem lieben William Weller auch gegangen; die Glasmalerei hatte ihn zu den Glasblumen und Glasfrüchten geführt.

Jedoch wir frühstückten nicht allein zusammen; eine junge Dame leistete uns Gesellschaft.

Wenn Sie sich aber denken, daß diese Dame sehr freundlich zu uns gewesen wäre – so täuschen Sie sich gewaltig.

Weller stellt die Dame folgendermaßen vor:

»Hier, Herr Baron, haben Sie das Vergnügen, meine Großnichte, Fräulein Flora Mohr aus Graudenz, kennen zu lernen. Wenn Sie glauben, daß diesem Fräulein meine Paläste sehr großen Spaß machen, so sind Sie auf dem Holzwege.«

»Lieber Großonkel«, sagte darauf Fräulein Flora, »ich kann mich nicht anders geben, als ich bin. Mich erfreuen die natürlichen Blumen mehr als Deine künstlichen.«

»Sehen Sie«, rief nun lachend mein alter Freund, »hab ich nicht Recht? Das ist doch mal eine ehrliche Natur. Die paßt hierher, sag ich Dir, mein lieber Münch! Die paßt hierher – so wie die Faust aufs Auge. Oh – wie ich die Kontraste zu schätzen weiß!«

Genau so waren die Worte meines Freundes gesetzt – ich habe ein sehr gutes Gedächtnis, sonst könnte ich ja garnicht so viele Geschichten erzählen; William sagte immer, wenn er erregt wurde, mal Sie und mal Du zu mir.

Ich aber bekam von seiner Erregung nichts ab, ich wurde nur neugierig und wollte wissen, wie denn diese Großnichte in diese Glasblumenpaläste hineingeraten wäre, und ich fragte danach, und sie sagte:

»Ich bin ja die Großnichte meines Großonkels.«

Diese Antwort machte mich natürlich nicht klüger.

Fräulein Flora Mohr kam mir nicht sehr interessant vor, und ich fragte nach dem Frühstück den lieben William, als ich ihm wieder allein gegenübersaß, weswegen diese Dame bei ihm sei.

»Mensch«, rief er da lachend, »sie will Geld von mir haben.«

»So gibs ihr doch«, erwiderte ich, »dann bist du sie los. Wenn sie die Glasblumen nicht leiden kann, so ist ihr hier doch nicht zu helfen.«

Da sagte William:

»Liebster Münch, so gutmütig, wie Du denkst, bin ich leider nicht; ich werde doch nicht einer Großnichte Geld geben, die mir in Gegenwart aller anderen Leute immer wieder versichert, daß sie die Naturblumen lieber hat als meine Kunstblumen.«

Darauf konnte ich natürlich nichts erwidern, ich glaubte jedoch, daß hier noch ein andrer Haken dahinter sein müsse, und beschloß, mich mal mit dieser merkwürdigen Angelegenheit näher zu befassen.

Ich sehe jedoch, daß wir den Morgenkaffee bekommen sollen. Und so werde ich Ihnen das Weitere nach dem Kaffee erzählen.

Nach diesen Worten hörte der Baron zu erzählen auf; die Herren schmunzelten, und die Damen erklärten dem Baron, daß sie jetzt auch sehr neugierig seien.

Und dann tranken alle ihren Morgenkaffee und blickten dabei in die blauen Fluten des stillen Ozeans.

Die Sonne stieg derweil langsam höher.

Zweites Kapitel

Nach dem Morgenkaffee fuhr der Baron Münchhausen in seiner Erzählung fort:

Mr. Weller, sagte der Baron, gab nun seiner Großnichte den Auftrag, mir die köstlichen Glasblumenbeete zu zeigen. Nun müssen Sie sich, meine Damen und Herren, diese Beete vorstellen. Denken Sie an venetianische Ziergläser – an die allerfeinsten! Den Goldstaub in den Gläsern müssen Sie aber fortlassen – denn Weller liebte das Gold nicht. Er erklärte alles Gold für ein nutzloses, ästhetisch unsympathisch berührendes Metall. Und ich finde auch, daß man ein Metall, mit dem man Käse kauft, nicht an Kunstwerken verwenden dürfte. Es wirkt überall klecksig und es läßt sich doch nicht leugnen, daß eine einfache Butterblume ein köstlicheres Gelb besitzt – als dieses Tausch- und Trödelobjekt. Sie werden ja meiner Meinung sein.

Indessen – an die Seepferdchen der Venetianer dürfen Sie auch nicht denken – dafür müssen Sie an alle Farben denken, die Sie im Glase gesehen haben. Natürlich – sehr viel Email verwendete Weller auch – besonders in den Blüten.

Und dann eins: vergessen Sie nie, daß Weller niemals die natürlichen Blumen nachahmte – er machte alles immer anders als das Natürliche. Entzückend waren besonders die Glockenblumen mit ganz hohen spiralförmigen Staubgefäßen. In den Glocken sah man alle Topfformen, die es gibt – und das Äußere der Glocken war oft von durchbrochener Arbeit umhüllt – und oft von Rubin-, Filigran- und Eisglas.

Weller setzte seine Beete, von denen viele einen Durchmesser von zwei bis drei Metern besaßen, nicht immer auf den Fußboden – oft setzte er die Beete einfach an die Wände und an die Decken.

Es wurden auch schräge Fußböden für die Beete hergestellt.

Da man im Naturgarten die Beete mit kurzgeschnittenem Rasen zu umgeben pflegt, so hatte Weller auch an einen Ersatz dieses Rasens gedacht.

Zumeist verwertete er weiße oder farbige Watte, die zum Glase einen gut konstrastierenden Rahmen schuf. An den Wänden wurde außer Sammet vielfach Brokat verwandt. Doch auch im Brokat vermied Weller das Gold.

Fahrende Beete gabs ebenfalls – und auch Guirlanden an straffgespannten Drahtseilen – natürlich auch hängende Beete – solche, die an Ketten hingen.

In einigen Sälen gabs auch Terrassen mit Überkragungen – und viele Terrassen waren ganz und gar mit Glasblumen angefüllt.

In einem Saale fand ich an Stelle des kurzgeschnittenen Rasens – feinsten Seesand.

Auch Pilze und Schwämme wirkten als Umrahmung der Beete sehr gut.

Alle diese Herrlichkeiten zeigte mir Fräulein Flora Mohr mit einer Miene, die mir wirklich unvergeßlich bleiben wird.

Es machte ihr offenbar die größte Pein, mir all diesen Farben- und Formenprunk zu zeigen.

Und ich wußte ja schon so ungefähr – warum.

Aber ich dachte, da stecke ein Roman dahinter.

Und so fragte ich höflich:

»Gnädiges Fräulein, Sie sind also eine große Freundin der natürlichen Blumen, nicht wahr?«

»Ja, das bin ich!« erwiderte sie.

Und ich fuhr fort:

»Da haben Sie also eine Abneigung gegen diese künstlichen Glasblumen, nicht wahr?«

Da bekam ichs.

»Wie«, rief sie aus, »Abneigung nennen Sie das Gefühl, das ich diesem Glasquark entgegenbringe? Nein, das ist nicht das richtige Wort für meinen Haß. Herr Baron, ich bin eine gebildete Person; ich hab in Graudenz das Seminar besucht und spreche fast alle modernen Sprachen. Wenn Sie glauben, daß mir diese Spielerei irgendwie imponieren könnte, so irren Sie sich gründlich. Wo ist denn hier das Leben? Sind diese Spielereien nicht einfach tot? Können Sie leugnen, daß sie tot sind? Und – ist es nicht immer wieder dasselbe, was man hier sieht? Immer wieder nur Farben! Und immer wieder nur Formen! Mit solchen Kindereien kann man ja den wilden Negern im warmen Afrika eine Freude bereiten – aber nicht einer gebildeten Person, die das Seminar in Graudenz besucht hat und fast alle modernen Sprachen spricht.«

Ich sehe, meine Damen, Sie machen große Augen – aber so hat Fräulein Flora Mohr wörtlich gesprochen; ich behalte alles, was man mir sagt, wörtlich; mein Gedächtnis ist tatsächlich noch bewunderungswürdiger als mein Alter.

Mich verblüffte natürlich diese offene Ausdrucksart der jungen Dame, und ich sagte ganz schüchtern:

»Gnädiges Fräulein, sind Sie nicht der Meinung, daß diese Abneigung, die Sie all diesen Glasblumen entgegenbringen, Ihren verehrten Herrn Großonkel sehr kränken könnte?«

»Oh«, rief sie heftig, »Sie glauben wohl, hier steckt ein Roman dahinter! Sie glauben wohl, daß ich meinen Großonkel liebe! Da irren Sie sich: ich liebe meinen Bräutigam, der in Graudenz Kunstschlosser ist – und keinen andern Menschen liebe ich. Das gehört sich doch so. Und – ehrlich sein ist für mich die Hauptsache. Ich muß grade und frei meine Meinung heraussagen, wo ich auch bin. Und wenn meine Meinung andre Leute kränkt, so kann ich nicht dafür. Das Natürliche und das Ehrliche geht mir über alles.«

Nach dieser Rede sagte ich mir im Stillen, sodaß es Niemand hörte:

»Jetzt bin ich also endlich hinter den Roman gekommen. Wie glücklich bin ich nur, daß diese Dame nicht mich liebt. Wohl uns, daß dieser Kunstschlosser in Graudenz existiert! Auch der Weller kann von Glück sagen, daß er von diesem ehrlichen Mädchen nicht geliebt wird. Man weiß immer noch garnicht, wie gut mans eigentlich hat. Jedenfalls hat man vor der Natürlichkeit und vor der Ehrlichkeit immer noch nicht den genügenden Respekt.«

Und laut fuhr ich fort:

»Gnädiges Fräulein, ich verstehe nur nicht, warum Sie da immer noch in Melbourne und nicht in Graudenz sind. Verzeihen Sie gütigst, daß ich das sage; mich gehts ja eigentlich nichts an.«

»Oh«, erwiderte nun das Fräulein, während es vor einem smaragdgrünen Tulpenbeet stehen blieb, »Sie brauchen nicht um Verzeihung zu bitten; ich halte mit nichts hinterm Berge, ich nehme niemals ein Blatt vor den Mund. Mein Bräutigam will sich, wenn wir heiraten, etablieren. Und da braucht er etwas Geld. Und deswegen bin ich hier bei meinem Großonkel und hab ihn gebeten, mir zehntausend Taler für Erwin zu geben – Erwin Krug heißt mein Bräutigam.«

»Und«, fragte ich nun, »eine so geringfügige Summe will Ihnen Ihr Großonkel nicht geben?«

»Nein«, versetzte sie, »das ist es ja eben! Ich bin nicht für seine Glasblumen begeistert, und deswegen hält er mich hin. Und er verschwendet Unsummen für diese Albernheiten – jedes Beet hier kostet viele Tausende, und mir will er nicht einmal so viel geben, daß Erwin sich etablieren kann. Als ich ihm die maßlose Verschwendung, die hier herrscht, in scharfen Worten vorwarf, nannte er mich ein naseweises Frauenzimmer. Ich wäre längst fort von hier, wenn Erwin das Geld nicht so nötig gebrauchen würde.«

»Sagen Sie mal, meine Gnädigste«, warf ich da ein, »bitten Sie doch Ihren Großonkel um solch ein Glasblumenbeet – und verkaufen Sie es dann. Sie brauchen ja nur zu sagen, daß Sie sich für dieses Glasblumenbeet mit den Smaragdtulpen interessieren – dann würde sich Ihr Onkel sehr freuen über Ihr Interesse und Ihnen die Kleinigkeit schenken. Zehntausend Taler bekommen Sie schon dafür.«

Da sah mich die Dame sehr groß an und sagte mit unnachahmlichem Stolze:

»Ich sagte schon, daß ich eine ehrliche Natur bin. Ich lüge nie! Verstehen Sie mich jetzt?«

»Ich«, versetzte ich stotternd, »verstehe – Sie – jetzt! Ich lüge ja ebenfalls nie.«

Danach hörte unsre interessante Unterhaltung auf; Diener kamen und baten uns wieder, in ein großes Speisezimmer zu kommen.

Wenn ich jetzt ehrlich sein darf wie Fräulein Flora Mohr, so möchte ich auch wünschen, daß jetzt gleichfalls Diener kämen und etwas zu essen mitbrächten.

Die ganze Gesellschaft mußte nach diesen Worten sehr laut lachen; die Frau Minister Mikamura winkte – und die Diener brachten ein kleines Frühstück herbei, wofür der Baron Münchhausen mit den verbindlichsten Worten seinen Dank sagte.

Drittes Kapitel

Nach dem Frühstück sprach der Baron das Folgende:

Mein Freund William lud mich danach zu einer Kahnfahrt ein, und ich war natürlich gern bereit, bat nur, Fräulein Flora mal zu Hause zu lassen.

»Zu Hause«, sagte William, »bleiben wir ja. Meinst Du, ich hätte keinen Saal, in dem ich Kahn fahren kann? So arm bin ich doch nicht. Die Flora kann selbstredend draußen im Park die Rosen und Lilien bewundern; immerzu braucht sie ja nicht dabei zu sein.«

Wir kamen dann gleich in einen domgroßen Saal, dessen Wände – ja, das ist wirklich schwer zu beschreiben... An den Wänden waren Taue und Stricke von verschiedener Dicke ausgespannt – alle ganz straff – aber nach allen Richtungen kreuz und quer, sodaß das Ganze etwas von alten Spinngewebenetzen bekam. An Spinngewebe mußte man schon denken, weil alle Taue und Stricke grau waren. Das gab wundervoll durchbrochene Muster – die eigentlichen Wände dahinter konnte man nicht sehen; überall sah man nur Taue und Stricke straffgespannt durcheinander gehen. Und oben die Decke des eirunden Saales zeigte auch nur graue Taue und Stricke. Es ging in Eischalenform nach oben – Ecken gabs nicht. Fenster gabs da auch nicht; die Luft wurde durch Windräder eingeführt. Auf dem Wasser schwammen zwölf Seerosen – ganz buntfarbige Seerosen. Und die begannen plötzlich bunt zu leuchten, sodaß das Tauwerk auch ganz bunt wurde.

Sie werden natürlich fragen, wie vordem Licht gemacht wurde. Doch das ging sehr einfach zu; mehrere Diener trugen an vier Meter hohen Stangen große weiße Kugellampen – die erlöschten, als die Seerosen zu leuchten begannen.

Wir setzten uns in einen Kahn. Die Diener verschwanden. Und es wurde ganz unheimlich still auf dem Wasser. Die Seerosen streuten bunte Farbenbüschel aus – wie bunte Scheinwerfer wirkten die Büschel.

Meine Damen und Herren, Sie werden natürlich denken, daß ich in dieser träumerischen Seestille an die Flora dachte. Doch Sie irren sich; ich hatte die Flora vollkommen vergessen – trotz meines guten Gedächtnisses.

Und was ich jetzt erlebte, drängte die Erinnerung an jene glasfeindliche Dame immer tiefer in den Hintergrund.

William bat mich, in die Tiefe des Sees zu blicken – und da sah ich, wie bunte Blumen langsam emporwuchsen. Und die Blumen wuchsen aus den Wassern heraus und leuchteten. Sie leuchteten auch in der Tiefe des Wassers.

Und Mr. Weller sprach dazu erregt:

»Siehst Du, da hast Du wachsende Blumen – die wachsen so, daß Du siehst, wie sie wachsen. Und da sagt diese Flora immer noch, daß alle meine Glasblumen tot sind – immerzu tot sind. Es ist empörend. Für mich sind meine Blumen nicht tot. Siehst Du, wie sich langsam die köstlichen Kelche öffnen? Siehst Du, wie die Staubgefäße größer werden? Siehst Du, wie die saphirblauen großen Blätter langsam sich aufklappen? Eine feine Mechanik steckt da überall drin. Und sieh nur, wie die Glasblätter alle naß sind – und wie die

Tropfen im bunten Licht aufleuchten! Oh – und da sagt diese Flora, daß das alles blutlose Schemen sind – blos weil sie heiraten will. Dies hier soll nach ihrer Meinung ein Schattenreich sein – für den Orkus reif! Ein schöner Orkus! Und sie sagt immer, daß das alles so leer wirkt! Sie meint, da fehlt überall das Fleisch und Blut. Als wenn die Rosen und Veilchen auch Fleisch und Blut haben!«

Danach wurde mein Freund ganz weich und sprach sehr viel davon, wie seine Glasträume entstanden. Wenn ich Ihnen das alles erzählen würde, käme ich heute nicht zu Ende.

Und die Glasblumen wuchsen ganz hoch aus dem stillen Wasser heraus. Und es wuchsen immer mehr. Und wir fuhren ganz vorsichtig zwischen diesen leuchtenden Wunderblumen dahin.

Als aber der liebe William wieder von seiner lieben Flora anfing, sagte ich ihm ziemlich ärgerlich:

»Liebster William, laß die Flora in Ruh und zerstöre mir hier nicht die Stimmung. Gib ihr doch die zehntausend Taler, damit sie endlich ihren Kunstschlosser heiraten und uns in Ruhe lassen kann.«

»Fällt mir garnicht ein«, versetzte dazu der William, »sie macht mit ihren Schimpfereien unbewußt die schönste Reklame. Ich erwarte einen indischen Nabob, und dem muß sie Geschmack und Begeisterung für meine Blumenwelt beibringen, damit er für zwei Millionen Ankäufe macht.«

»Ach so!« rief ich nun lachend, »Du willst also durch die Flora nur zum Widerspruch reizen. Beinahe kommt es mir so vor, als wenn Du die zehntausend Taler garnicht mehr hast.«

»Scherze nicht!« sagte William leise, »so schlimm steht es nicht. Aber Du kannst mir glauben, daß meine Paläste Geld kosten.«

»Das glaube ich!« erwiderte ich.

Der Baron wandte sich danach an die Dame des Hauses und sagte schmunzelnd:

»Gnädige Frau, könnten wir nicht auf Ihrem neuen Karussell fahren? Es ist so heiß, und das Fahren in der Luft kühlt so fein ab.«

»Einverstanden!« rief da gleich der Minister Mikamura, ließ Zigarren und Zigaretten herumreichen – und dann bestiegen alle rauchend das neue Karussell.

Dieses war nicht so wie andre; ein fünfzig Meter langer Eisenarm hob eine Plattform empor, auf der die ganze Gesellschaft Platz fand.

Und da fuhr denn die ganze Plattform in zierlichen Kurven durch die Luft, und der Tabaksrauch markierte die Kurven. Solche Fahrt in der Luft in der heißen Sommerluft erfrischte, und man sah dabei ins blaue Wasser des Stillen Ozeans.

Viertes Kapitel

Als alle wieder ruhig auf der großen Dachterrasse saßen, fuhr der Baron abermals in seiner Erzählung fort:

»Am nächsten Tage kam denn auch der große Nabob aus Indien; er hatte große schwarze Augen, denen man die Begeisterungsfähigkeit gleich anmerkte. Natürlich richtete es mein Freund William so ein, daß er bald mit Fräulein Flora zusammen kam.

William bestieg mit den beiden und mir sein großes Turmpanorama. Da drehte sich ein Turm mit fünf Stockwerken ganz langsam um sich selbst. Und im kleinen Turmzimmer des ersten Stockwerkes saßen wir vier an einem runden Tisch in bequemen Sesseln und blickten hinaus. Und vor uns zog eine Art Winterlandschaft mit Blumen vorüber, die den Eisblumen nicht unähnlich sahen. Es waren aber ganz große Eisblumen. Das Starre des Glases wirkte hier ganz natürlich.

Die Flora gab ruhig zu, daß diese phantastischen Eisblumen, die natürlich ganz seltsame Formen zeigten, alles nur in Weiß und Grau – wirklich ganz natürlich wirkten. Weller sah mich an, und ich merkte, daß er unruhig wurde. Der Nabob saß ganz schweigsam da und starrte die weißen und grauen Astgewächse mit seinen großen Augen aufmerksam an.

»Du pflegst doch sonst nicht«, sagte Weller zu seiner Großnichte, »mit Deiner Meinung so zurückzuhalten.«

»Ich habe aber auch nicht nötig«, erwiderte sie, »mich immerfort zu wiederholen.«

»Finden Sie«, fragte der Nabob, »diese seltsame Eiswelt nicht wundervoll?«

»Das schon«, versetzte sie, »aber wenn ich die Kosten bedenke, die eine derartige Anlage verursacht hat, so kann ich mir doch nicht verhehlen, daß hier recht viel Zeit und Geld verschwendet wurde. Bei uns in Deutschland hat man im Winter solche Landschaften billiger.«

»Solche aber«, rief nun der Nabob mit flammenden Augen, »in

keinem Falle. Sehen Sie denn nicht die wundervolle Struktur der grauen Stämme und Äste? Sehen Sie nicht, daß alles Weiße blütenartig ist? Und wie mannigfaltig die vielen Stengelgebilde sind – dort das ganz Schlaffe – dort das Straffe – hier das Strahlenartige! Oh – das gibts doch nicht in der Natur. Sie müssen so was geträumt haben, wenn Sie behaupten, so was schon in Deutschland gesehen zu haben.«

»Ich bin für das Praktische und träume sehr selten!« sagte Flora.

Und Weller rieb sich vergnügt die Hände und führte uns auf steiler Wendeltreppe zum zweiten Stockwerk empor.

Da saßen wir denn ebenso wie im ersten und sahen Schattenspiele – eine Glasblumenwelt, in der alle Effekte auf die Schattenwirkung hinarbeiteten; das Licht kam mal von oben und mal von unten und dann wieder von einer Seite oder von hinten.

Alles Farbige war gedämpft – nichts Grelles. Nur die Schatten waren oft grell. Der Nabob fragte die Flora, ob sie so was auch schon in Deutschland gesehen habe.

»Ich habe«, sagte sie da, »oft die Schatten im Walde des Abends gesehen und finde diese Schatten nicht so mannigfaltig wie jene.«

Da wurde der Nabob ärgerlich und schwieg, bewunderte dafür die vorüberziehenden Blumen mit allen ihren Schatten immer aufmerksamer.

Im dritten Stockwerk wars zuerst ganz finster – und dann sahen wir phosphoreszierende Blumen in dieser Finsternis. Und das erregte – so wie Geistererscheinungen – es war ein bischen unheimlich.

Fräulein Flora hüllte sich in Schweigen, der Nabob rauchte eine Zigarette.

»Ich wollte mal«, sagte William, »die Seelen der Blumen zur Darstellung bringen – ich wollte Geisterblumen bieten. Ich bin ja auch ein großer Freund der natürlichen Blumen.«

»Dann verstehe ich nicht«, rief nun die Flora, »warum Du Dich derartig in Unkosten stürzest; man kann doch das Geistige nicht mit stofflichen Mitteln herstellen.«

Es kamen nun Blumen, die nur aus Geißlerschen Röhren bestanden, und die entzückten den Nabob so, daß er sich plötzlich die Ohren zuhielt und deswegen um Entschuldigung bat.

»Aber«, sagte er, »ich kann nicht gut sehen, wenn ich auch hören muß.«

Wir waren lange mäuschenstill und ließen die Geisterblumen

langsam an uns vorüberziehen.

Im vierten Stockwerk wurden uns welke verblühte Blumen in Glas vorgeführt.

»Oh«, rief da der Nabob, »hier haben wir die Poesie des Sterbens.«

»Es sieht aber«, sagte ich, »nur so aus, als wäre da was gestorben. All die Formenpracht gibts garnicht in der absterbenden Natur.«

»Jedenfalls«, meinte die Flora, »ist es sehr gut, wenn der Großonkel die tote Natur in seinen Glasblumen zur Darstellung bringt; den Eindruck des Lebendigen wird er ja doch nie mit seinen Glasgeschichten erzeugen.«

»Da könnten Sie«, sagte nun langsam der Nabob, »auch die ganze Kunst verdammen; Ölfarben und Marmor sind auch nie zum Leben zu bringen.«

Fräulein Flora Mohr wurde verlegen und redete etwas unzusammenhängend.

Weller stieß mich bedeutungsvoll an, und wir stiegen dann ganz nach oben in das fünfte Stockwerk und sahen dort eine ganz frische Frühlingspracht mit unsäglich vielen bunten Knospen.

Und dann drückte Weller auf einen Knopf, und es waren wieder andre Knospen da – in anderen Formen und Farben.

»Nun«, rief William lachend, »lebt diese Frühlingspracht – oder lebt sie nicht?«

Und er drückte immer noch mal auf seinen Knopf – und wir sahen die Blumenfelder immer wieder anders.

Die Flora sagte:

»Da sind immer wieder nur Farben und Formen – weiter nichts. Es fehlt doch die Seele!«

»Hm!« sagte William, »du wolltest dich doch nicht wiederholen.«

»Das fragt sich, ob hier die Seele fehlt!« sagte der Nabob.

Mein Freund ließ jetzt noch eine größere Anzahl von durchsichtigen Vergrößerungslinsen als Blüten vortreten – und dadurch veränderte sich das Bild so plötzlich, daß der Nabob ganz erregt aufsprang.

Als ich nachher mit William allein war, sagte der:

»Die Flora hat ja gewissermaßen Recht; ich gebe zu, daß immer nur Farben und Formen kommen. Aber – ist es nicht ein bischen anspruchsvoll, wenn man immer gleich den Kern der Natur entdecken will?«

Ich mußte das bejahen und sagte tröstend:

»Vergiß auch nicht, daß wir den Kern der Natur eigentlich garnicht kennen.«

»Und«, rief nun mein Freund vergnügt, »ich weiß ja doch, daß Floras Seele stets in ihrem Kunstschlosser steckt.«

Danach begab man sich zum Diner, und die Damen erklärten dem Baron, daß sie die Flora für ein unglaubliches Geschöpf hielten.

»Aber solche Geschöpfe«, sagte der Baron, »gibts eben in Europa.«

»Ein merkwürdiges Land!« riefen da die japanischen Damen – beinahe im Chor.

Fünftes Kapitel

Nach dem Diner sagte der Baron:

Es ging nun wohl eine ganze Woche dahin, ohne daß die Geschichte mit dem Nabob so recht vorwärts gehen wollte.

Fräulein Flora kämpfte mit Energie für das Recht auf Natürlichkeit und Ehrlichkeit. Der Nabob war immer andrer Meinung als die Flora, aber es kam zu keinen Knalleffekten, wenn auch manchmal die Meinungen recht drastisch gegenüberstanden. Weller freute sich dann über die Köstlichkeit der Kontraste, und der Nabob ging hin und studierte die einzelnen Beete und Blumen mit immer größerem Eifer; er konnte stundenlang vor einzelnen Kompositionen sitzen. Doch er kaufte nichts.

Er sagte nur immer wieder:

»Mr. Weller! Ich schwärme eigentlich nur für das Beste! Nur das Beste möchte ich haben! Entschuldigen Sie, daß ich mich noch nicht entschließen kann. Ich muß über alles sehr lange nachdenken. Ich will immer nur das Beste haben – nur das Beste.«

Weller wurde dabei ein bischen nervös, und ich hatte große Mühe, ihn zu beruhigen:

»Diese Flora«, sagte er, »kam mir sonst viel krasser in ihren Urteilen vor; sie ist jetzt so matt. Lieber Münch, könntest Du ihr nicht zu verstehen geben, daß ich ihr wahrscheinlich demnächst das gewünschte Geld geben werde?«

»Nein«, erwiderte ich »das halte ich für unklug; sie muß den Nabob immer wieder zum Widerspruch reizen. Sag ich ihr, daß sie bekommen wird, was sie haben will, so wird sie so sanft wie eine Taube. Und das reizt den Nabob nicht mehr.«

»Wenn die wüßte, wozu wir sie gebrauchen!« sagte Weller.

Und da mußten wir Beide herzlich lachen.

Wenn ich mit William allein war, gingen wir gewöhnlich in eins seiner intimen Kabinetts, in denen sich nur einzelne ganz hervorragend schöne Glasblumen befanden.

»Du glaubst nicht«, sagte William mal, »welche Mühe ich mir gegeben habe, meinen Glasblumen eine sogenannte Seele einzuhauchen. Sieh nur, ein Blumenmaler wie Makart, der nur natürliche Blumen malte, wird immer den Triumph genießen, daß er andern Leuten als Blumenbeseeler vorkommt. Aber ich, der ich neue Formen und Farben in ganz neuen Blumen geben will, werde so behandelt, als wenn ich alles Seelenleben dadurch vernichte. Rede nicht! Es ist so! Das macht die Gewohnheit! Als wenn ich nicht die genügende Begeisterung für die lebendigen Blumen der großen Natur habe! Ich will doch nur das Andere geben! Ob dieses Andere besser ist als das Bekannte – das ist mir ganz egal; wenns nur anders ist!«

Ich mußte nun den armen William immer trösten.

»Sei still«, sagte ich, »der Nabob und ich sind nicht so wie Deine liebe Flora; wir sehen schon, welche Fülle von Stimmungsgeschichten Du in Deine Beete hineingepflanzt hast – diese Stimmungsgeschichten leben und kommen in uns hinein – wie Musik in uns hineinkommt.«

»Du mußt mit dem Nabob«, sagte da der William, »und mit meiner Flora in meinen großen Irrgarten gehen – den kennst Du noch nicht. Das ist ein Urwald in Glas – das Beste, was ich habe – das ist ein Urwald und ein Irrgarten zu gleicher Zeit.«

Ich war natürlich sofort bereit, in diesen Irrgarten hineinzugehen.

Aber, meine Damen und Herren, ich muß gestehen, daß ich nach dem Diner immer etwas müde bin, und so schlage ich vor, daß wir uns alle ein wenig zerstreuen und uns eine Siesta gönnen.

Alle waren sofort einverstanden, und die Japaner mit ihren Damen erklärten feierlich:

»Diese Flora Mohr ist uns ganz unverständlich. Wir nehmen Mr. Wellers Paläste als höchste Verherrlichung der Blumenwelt hin. Wir können garnicht anders. So ist es doch auch. Daß das diese

Flora nicht einsieht!«

Nun redeten Alle darüber Längeres und Breiteres, und während dem wurde Münchhausen mit seiner Clarissa in ein abgelegenes Orchideenzimmer geführt, allwo sie sich auf weichen Polstern ungestört der Ruhe hingeben konnten.

Münch steckte sich eine starke Cigarre an und trank ein Glas Wasser und fragte die Clarissa:

»Was sagst Du zu dieser japanischen Gesellschaft?«

»Ich finde sie reizend«, erwiderte die Gräfin, »furchtbar liebenswürdig und nett. Die Hauptsache hat natürlich Niemand begriffen. Ich habs ihnen nach Kräften klar gemacht. Immer wieder hab ich ihnen gesagt, daß die Glasblumen Wellers gar keine gewöhnlichen Blumen sind – daß sie anders sind als alles, was wir bisher kannten – daß sie noch mehr bieten wollen als alle Orchideen. Nun fanden das die Damen und Herren einfach wundervoll. Aber sie priesen doch immer wieder hauptsächlich ihre Orchideen, sodaß ich vermute, sie haben uns mit Absicht in dieses Orchideenzimmer geschickt, damit wir einsehen, wie köstlich die Orchideen trotz aller Wellerblumen sind. Eben – wie gesagt – alles sehr liebenswürdig, sehr sympathisch und angenehm. Aber die Hauptsache wird wieder mal nicht begriffen. Und da muß man immer noch sehr dankbar sein, daß sie Dir so aufmerksam zuhören. Ach, ich fürchte, wir werden auch hier genau so viele Erfolge zu verzeichnen haben – wie in Europa. Das Neue ist den Leuten eben noch zu neu – und es strengt auch etwas an, sich das Neue vorzustellen. Es ist beklagenswert, daß Mr. Weller nicht Photographieen von seinen Blumen herstellen ließ. Warum hat er das eigentlich verboten?«

»Aber liebe Clarissa«, rief lachend der Baron, »dieser Weller will doch seine Glasblumen auch mal verkaufen. Und darum sollen alle Interessenten nach Melbourne kommen.«

»Sag mal, Münch«, sagte darauf die Gräfin, »so ganz sympathisch ist mir dieser Geschäftsfaktor eigentlich nicht.«

»Mir«, erwiderte Münch, »eigentlich auch nicht. Aber die meisten Menschen schätzen doch nur, was sie kaufen und bezahlen können.«

Hierauf ward es ganz still im Orchideenzimmer; der Baron legte seine Cigarre fort.

Sechstes Kapitel

Als wieder alle auf der großen Dachterrasse zusammen waren, sprach der alte Baron weiter:

Am nächsten Tage ging ich also schon in früher Morgenstunde mit dem Nabob und Fräulein Flora in Wellers großes Labyrinth. Das kannte Fräulein Flora bereits; ich aber kannte es noch nicht und mußte trotzdem den Führer spielen. Vom Morgenlicht sahen wir nicht viel; es kam nur zuweilen von oben herein. Das meiste war elektrisch erleuchtet.

Stellen Sie sich, meine Damen und Herren, riesige Palmenhäuser vor – und da alle Palmen aus Glasmassen. Natürlich bestanden diese Palmen, die selbstverständlich den Palmen nur so ungefähr ähnlich sahen, aus kräftigsten Eisenkonstruktionen, die auf allen Seiten so vom Glase bedeckt wurden, daß das Eisen nicht mehr bemerkt werden konnte.

Wir gingen überall auf einem grauen einfarbigen Fußbodenbelag; aber ganz lange Pole hatten diese Teppiche, sodaß es uns so vorkam, als gingen wir auf grauem, nicht zu kurz beschnittenen Rasen. Das ging sich sehr weich; Filzpantoffeln brauchten wir nicht.

Unten – gabs viele moosartige Glasblumen und große Traubenmassen – in Kürbisgröße jede Beere.

Und ringsum bewegliche Spiegelwände, die sich immer langsam und allmählich anders stellten, sodaß man die Gegend nicht wieder erkannte, wenn man zurück kam.

Ein Labyrinth wars, in dem Führer zu spielen – nicht gerade leicht wurde, denn ich konnte dem Nabob niemals sagen, ob wir in einer Gegend schon mal gewesen.

Und dann gings immer treppauf und treppab und auch unten durch lange Tunnelgänge, in denen sich plötzlich große Abgründe auftaten. Und auch diese Abgründe mit ihren korallenartigen Gewächsen veränderten sich durch Spiegelwirkungen immer wieder so, daß man alles nicht wiedererkannte, wenn man wieder vorbeikam.

Der Nabob fand diesen künstlichen Urwald entzückend, und die liebe Flora sagte tief unten in einer großen Grotte, die mit unvergänglichen Glasblumenkränzen geschmückt war:

»Ich finde den wirklichen Urwald doch hunderttausend Mal schöner.«

Da meinte der Nabob lächelnd:

»Urwälder glaube ich besser zu kennen als Sie, mein gnädiges Fräulein. Die Urwälder mögen sehr herrlich sein. Wer wird denn das bestreiten? Aber warum soll ich denn die wirklichen Urwälder mit diesem Irrgarten vergleichen? Zum Vergleiche zwingt mich ja garnichts. Dies ist doch noch was Anderes als ein Urwald. Und da dieser Irrgarten noch was Anderes, Neues bietet – so bereichert er uns. Und ich kann die Bereicherung sehr gut vertragen, wenn ich auch mit Glücksgütern vollauf gesegnet bin. Fühlen Sie sich, meine Gnädige, wirklich innerlich so reich, daß Ihnen Zusätze unsympathisch sind?«

Da sagte die Flora wieder ihre alte Melodie wie ein alter Leierkasten:

»Ich bin für das Natürliche – für das, was Herz und Gemüt erfreut. Aber ich bin nicht für kalte leere Glasstücke, in denen kein Leben ist.«

»Meine Gnädige«, meinte nun lächelnd der Nabob wieder, »ich suche hier nur das Beste! nur das Beste möchte ich hier kaufen. Wenn ich aber an all die Köstlichkeiten hier denke und daneben Ihr Bild stelle, so will mir vorkommen, als wären Sie, meine Gnädigste, das Beste in diesem Irrgarten des Mr. Weller. Sie sind die unberührte Naivität.«

»Ich bin verlobt, mein Herr!« rief Miß Flora schnell.

»Sie verstehen mich nicht!« rief der Nabob.

Und dann bewunderten wir weiter den großen Irrgarten, und der Nabob sagte zu mir heimlich:

»Die Dame macht wirklich durch ihr Geschimpfe alle diese Blumen noch interessanter, als sie sind.«

Ich gab dem reichen Herrn Recht.

Und dann bewunderten wir die kolossalen blauen Palmenblätter auf einer kleinen Anhöhe, und wir sahen ringsum, wie die anderen Riesengewächse, die zumeist in Spiegeln zu sehen waren, immer wieder bald größer und bald kleiner wurden.

»So was sollte man mal im Urwalde sehen!« rief der Nabob in heller Begeisterung.

Flora jedoch sagte abermals:

»Ich kann mir nicht helfen – das Natürliche...«

Aber, meine Damen und Herren, Sie wissen ja schon, daß Fräulein Flora konsequent bei ihrer Meinung blieb; sie blieb eine ehrliche Natur – mochte auch die Welt untergehen.

Und Weller, der uns belauscht hatte, teilte mir nachher mit, daß ihn seine Großnichte einfach berauscht habe.

»Wenn sie«, flüsterte er mir zu, »nicht schon verlobt wäre, so würde ich selbst mich mit ihr verloben. Die macht den Käufern Appetit. Es geht nichts über eine ehrliche Natur. Es lebe die Natur! Es lebe die ehrliche Natur! Wenn ich alle meine Glassachen verkauft habe, mach ich neue – noch zehnmal soviel neue. Ich baue dann Hochlandschaften aus Glas! Ja, Münch, das bekomme ich auch noch fertig!«

Ich war schließlich nur neugierig, wie diese Geschichte enden würde.

Doch ich sehe, Herr Minister, daß Sie Bier haben, und ich fühle, daß ich Durst habe.

Da mußten alle Gäste des Ministers Mikamura abermals herzlich lachen.

Münchner Bier wurde herumgereicht.

Es war Spatenbräu.

Siebentes Kapitel

Während nun die ganze Gesellschaft gemütlich jenes Getränk trank, das schon den alten Ägyptern so trefflich mundete, fuhr der Baron also in seiner Erzählung fort:

Nachdem wir den Irrgarten verlassen und gut diniert hatten, bat uns Mr. Weller, ihm in seinen neuesten Saal zu folgen.

Und da mußten wir in Liegestühlen auf dem Rücken liegen, denn das, was gesehen werden sollte, ließ sich oben in der Kuppeldecke sehen.

Da sahen wir plötzlich eine kolossale Sonne, die sich drehte, und die drehende Sonne wurde umkreist von Blumen, die kometarische Ausstrahlungen zeigten.

Schwebende Blumen unter einer Sonne! Kometenblumen!

Weller sagte zur Erklärung dieses:

»Ich befand mich im Jahre 1882 auf der Kapsternwarte, als der zweite Komet jenes Jahres der Sonne so nahe kam, daß er plötzlich verschwand, als er vor den Sonnenrand trat. Wir dachten damals, er ginge hinter der Sonne durch die Sonnenatmosphäre durch. Aber das war ja ein Irrtum; er ging *vor* der Sonne durch die Sonnenatmosphäre durch. Die Helligkeit des Kometen war eben genau so groß wie die der Sonne selbst. Das war ein Ereignis in meinem Leben. Und ich stellte mir das kolossale Leben in diesem Kometen vor. Und – ich weiß nicht, wie es kam – es muß wohl meine ganze Ideenrichtung dabei ausschlaggebend gewesen sein – kurzum: ich glaubte, daß die Kometen Kolossalblumen sein könnten. Und das veranlaßte mich, dieses Blumenstück zu schaffen, das Sie da oben sehen. Da bewegt sich alles. Da ist garnichts tot. Die Sonne ist auch aus Glas. Sie sehen, wie sie sich immerzu in der Farbe verändert. Und die Blumen ringsum bekommen immer wieder andere Schweife – bei jeder kleinen Bewegung verändern sich die Schweife. Zwanzig Jahre habe ich an der Geschichte gearbeitet. Aber mir tut es nicht leid, daß ich der Sache so viel Zeit gewidmet habe. Ich halte dieses Blumenstück für mein Bestes.«

Da rief der Nabob:

»Ich auch! Ich auch!«

»Na, dann haben Sie ja«, sagte ich, »was Sie immer gesucht haben, endlich gefunden.«

Mr. Weller machte noch darauf aufmerksam, daß auch auf der Oberfläche seiner Sonne Blumengebilde sichtbar würden. Seine Sonne war selbstredend auch eine andre Sonne als die uns bekannte.

Flora sagte ärgerlich:

»Lieber Großonkel, ich glaube, Du wirst demnächst auch die Elefanten in Blumen umwandeln. Vor Dir ist nichts sicher.«

»Jedenfalls«, sagte Weller »ist es mir nicht unwahrscheinlich, daß die Protuberanzen der Sonne einen gewissen blumenartigen Charakter besitzen; man spricht ja schon so oft von Protuberanzenwäldern.«

Wenn Sie aber, meine Herrschaften, verlangen, daß ich Ihnen das Aussehen der schwebenden Kometenblumen genauer schildern soll, so verlangen Sie von mir, was ich Ihnen nicht geben kann.

Würde mein Freund William gestattet haben, daß man Photographieen von seinen Sachen herstellte, so wäre ja alles sehr einfach anschaulich in meinem Vortrage geworden. Die Photographieen aber wollte Herr Weller erst dann machen lassen, wenn ihn sämtliche Millionäre des Erdballs besucht hätten – so sagte er mir öfters. Alle sind aber noch nicht dagewesen – das weiß ich ganz genau. Mr. William ist eben auch ein Geschäftsmann. Das nimmt man ihm in Europa übel; da denkt man immer, daß alle Künstler Geld nicht gebrauchen können. Mr. William braucht aber trotzdem sehr viel Geld. Und somit kann ich Ihnen Photographieen von den Glasblumen noch nicht vorlegen.

Ich würde nun nichts dagegen haben, wenn wir jetzt etwas Abendbrot äßen, da wir sonst zu viel Bier zu früh trinken.

Die Gesellschaft umringte den Baron und dankte ihm für seinen Vortrag, und die Damen wollten den Schluß wissen; sie interessierten sich alle so lebhaft für Fräulein Flora Mohr – für ihre sonderbare Natürlichkeit und für ihre sonderbare Ehrlichkeit.

Der Baron aber sagte lachend:

»Den Schluß erzähle ich erst nach dem Abendbrot, sonst hören Sie mir nicht mehr zu.«

Und so mußte man sich gedulden.

Man aß erst Abendbrot.

Achtes Kapitel

Nach dem Abendbrot ging der Mond über dem Stillen Ozean auf, und da wurden im Park des Ministers Mikamura alle Papierlampions angesteckt – und da sagte Münchhausen:

So wie jetzt hier, so sah's auch bei Weller an jenem Abend im Wellerpark aus, als der Nabob die Kometenblumen für das Beste erklärte.

Wir saßen damals mit Flora und dem Nabob auch mitten in einem Park wie hier, und Papierlampions leuchteten ringsum so wie hier in den Bäumen und Gebüschen.

Der Nabob hatte die Kuppel mit der Sonne und den Kometenblumen für vier Millionen Dollars angekauft; Weller rieb sich vergnügt die Hände und sagte nach den Austern:

»Liebe Flora, Dir will ich nachher noch etwas erzählen, was Du gerne hören wirst.«

Da verzog sich das ernste Gesicht der jungen Dame zu einem schmerzlichen Lächeln, aber es leuchtete etwas in ihren Augen auf – und das sah so wie ein großes Glück aus.

Und ich mußte während dieses Abendbrotes immer wieder Floras Augen bewundern, in denen ein großes Glück aufzuleuchten begann.

Ich sehe diese Glücksaugen immer noch.

Weller sagte dann zu seiner Großnichte:

»Dreimal so viel, als Du verlangt hast, will ich Dir heute geben, damit Du endlich heiraten kannst. Bleibe so natürlich, wie Du bist. Ehrlich währt am längsten.«

Da fiel die Flora ihrem Großonkel weinend um den Hals; der Nabob verstand die Szene nicht.

Ich aber mußte herzlich lachen über die große Ehrlichkeit dieses Großonkels.

Die Dame fuhr nach Europa, ohne eine Ahnung davon zu haben, wie viel ihr Geschimpfe dem alten Mr. Weller genützt hatte.

Möge jedes Geschimpfe so nützlich sein.

Aber – Floras glückliche Augen werde ich niemals vergessen.

Hier sehen Sie eine Photographie von Fräulein Flora Mohr.

Der Baron zeigte den Damen und Herren die Photographie von Fräulein Flora Mohr.

Und dann trank man wieder echtes Münchner Spatenbräu.

Und als der Baron mit der Gräfin Clarissa zusammen beim Morgengrauen auf dem festen Sande des Seestrandes dahinfuhr, rief der Baron der Gräfin ins Ohr, da die Wellen des Meeres so heftig rauschten:

»Clarissa! Sieh nur den Mondschein auf den Wellen! Der große Ozean ist doch herrlich!«

Nach diesen Worten jedoch rief die Gräfin Clarissa dem alten Münchhausen ins Ohr:

»Münch! Du hast ja ganz vergessen, etwas vom russisch-japanischen Kriege zu reden; das wird man Dir übel genommen haben.«

»Das hab ich«, schrie Münchhausen, »tatsächlich ganz und gar vergessen. Ich werde mich gleich schriftlich entschuldigen, wenn wir ins Hotel gekommen sind. Fahren Sie schneller, Chauffeur!«

Der fuhr nun sehr schnell, daß die Wogen des großen Ozeans hoch aufspritzten unter den Gummirädern des freiherrlichen Automobils.

Und viele weiße Möwen flogen vorüber.

Mikosai

Eine Geschichte aus Grönland

Im März des Jahres 1908 saß der alte Baron Münchhausen in Grönland bei den Eskimos und erzählte ihnen eine lustige Geschichte. Neben dem Baron, der schon hundertvierundachtzig Jahre alt war, saß wie immer in den letzten Jahren die Gräfin Clarissa vom Rabenstein. Beide hatten dicke Pelze an. Die Tranlampe flackerte.

Der Häuptling der Eskimos hatte erklärt, daß er furchtbar gerne was Näheres vom Nordpol hören möchte.

»Mein lieber Freund«, sagte darauf der Baron freundlich, »auf dem Nordpol der Erde bin ich noch nicht gewesen. Aber ich habe einen Nordpol auf dem Kopfe gehabt.«

»Wie ist das möglich?« fragten alle Eskimos und auch die Eskimofrauen, während sich Alle neue Pfeifen stopften.

»Das war doch möglich«, fuhr nun Münchhausen fort, »allerdings – so ganz einfach gings nicht. Es sind schon zwanzig Jahre her. 1888 wars. Mir kam das Leben auf der Erde herzlich langweilig vor, und ich hätte viel dafür gegeben, wenn es mir möglich gewesen wäre, auf einem andern Sterne zu leben. Aber das ging nicht so ohne weiteres. Das wußte ich. Und ich klagte mein Leid einem alten Freunde. Mikosai hieß dieser Freund. Er lebte auf Neu-Guinea, und ich war bei ihm zu Besuch. Mikosai lachte, als er von meiner Weltmüdigkeit hörte.

›Wie‹, sagte er, ›Du willst auf einem andern Stern leben? Mehr willst Du nicht? Du bist bescheiden. Ich wollte mal mehr. Ich wollte mal selber ein kleiner Stern sein. Und ich kann Dir verraten, daß es mir schon gelungen ist, als kleiner Stern im Weltraume herumzusausen. Aber – Du siehst mich hier wieder als Mensch. Ich gabs auf, als Stern zu leben; ich hielts einfach nicht aus. Willst Du vielleicht die Geschichte noch einmal probieren? Es wäre so übel nicht. Ich könnte Dir schon dazu verhelfen. Aber Du mußt Dich verpflichten, alles das zu tun, was ich Dir sagen werde. Mindestens gewöhnt man sich die Weltmüdigkeit ab – oder vielmehr: die Erdmüdigkeit, denn die ganze Welt kann man doch nicht so leicht langweilig finden, dazu ist die ganze Welt doch zu groß.‹

Kurzum: ich erklärte mich einverstanden und bekam von Mikosai ein Schlafpulver und schlief ein. Und dann weckte mich dieser Zaubrer, und er rieb gleich meinen Leib mit vielen Ölsorten und vielen scharf riechenden Essenzen. Und dabei wurde mein Leib immer leichter. Und schließlich umhüllte mich dieser Zaubrer mit einem ganz leichten Tuchstoff. Und ich fühlte, daß dieser Tuchstoff sich ballonartig aufblies. Und dann gab mir Mikosai einen Klaps mit der rechten Hand oben auf meinen Kopf und sagte ganz freundlich:

›Lieber Münchhausen, wundre Dich nicht, daß Du jetzt nichts sehen kannst. Du bist jetzt ein kleiner Kugelstern, und dort, wo Du den Klaps meiner Hand gefühlt hast, da ist dein Nordpol. Nun werde ich Dich ins Weltall hinausbringen. Ich spritze Dich jetzt mit einem besondren Schlafmittel an; Du wirst wieder einschlafen und sehr lange schlafen. Und wenn Du erwachst, so bist Du weit fort von hier – hinter unserm Mond. Den wirst Du allerdings gar nicht sehen. Dafür wirst Du viele andere Dinge wahrnehmen. Wenn Du wieder zurück willst, so denke an mich und sprich zehntausendmal hintereinander meinen Namen. Du brauchst nicht zu zählen. Es wird schon gehen. Vergiß meinern Namen nicht. Sonst kann ich Dir nicht helfen. Jetzt lebe wohl. Ich spritze jetzt mit dem Schlafmittel.‹

Ich gab mir Mühe, mir den Namen Mikosai zu merken, dachte noch an Mücken, Kosen und Eier und schlief dabei ein. Ich muß dann sehr lange geschlafen haben. Als ich erwachte, fühlte ich auf meinem Kopfe etwas Eiskaltes, sagte mir aber gleich:

›Ach so, lieber Münchhausen, da oben ist ja jetzt Dein Nordpol, darum ist es Dir oben auf dem Kopfe so kalt. Unter den Fußsohlen ist wahrscheinlich Dein Südpol, denn unter den Fußsohlen empfindest Du auch eine große Kälte.‹

Die Augen konnte ich aber noch nicht auftun; ich fühlte nur, daß ich mich mit ungeheurer Schnelligkeit weiter bewegte und mich dabei langsam um mich selber drehte. Sie werden sich, meine Damen und Herren, schwerlich eine Vorstellung von meinem damaligen Zustand machen können. Ich fühlte mich als Stern.«

Nach diesen Worten goß die Gräfin Clarissa ihrem Baron ein neues Glas Grog ein, und die Eskimos mit ihren Frauen sahen mit ihren großen Augen unverwandt den Baron an, und der fuhr nun fort in seiner Erzählung.

»Sie sehen also«, sagte er, »jetzt ein, daß ich einen Nordpol auf dem Kopfe gehabt habe. Ich aber konnte damals nicht die Augen öffnen, und das erschien mir sehr fatal, denn ich wollte doch wissen, in welcher Weltgegend ich mich befand. Es kam mir vor, als sauste ich immer schneller durch den großen Weltenraum. Ich befürchtete einen Zusammenstoß mit anderen Sternen. Und da entdeckte ich, daß es mir sehr wohl möglich sei, wahrzunehmen, was um mich her vorging. Ich sah nur nicht mit meinen menschlichen Augen; ich sah mit meinem ganzen kugelrunden Körper. Nur Nordpol und Südpol erschienen mir vorläufig noch ganz unempfindlich und ganz kalt. Ich wollte feststellen, ob ich meine Arme in Bewegung setzen konnte, doch Arme und Beine fühlte ich nicht mehr. Ich wußte einfach nicht, wo sie hingekommen sein könnten. Dafür konnte ich den Weltenraum mit ganz neuen Hautorganen durchblicken. Es war mir, als umgäbe mich eine große Atmosphäre auf allen Seiten, und mit dieser Atmosphäre konnte ich mehr wahrnehmen als mit Augen; ich konnte aber dieses Wahrnehmen nicht einfach Fühlen nennen. Dazu wars zu kompliziert. Und mehr als Sehen wars ganz bestimmt. Ich bemerkte in meiner Nähe viele andere solche Kugelsterne, wie ich einer war. Und die drehten sich auch ganz langsam um sich selbst. Viele flogen jedoch viel schneller dahin als ich. Und in der Ferne fühlte ich einen sehr großen Kugelstern. Der drehte sich rasend rasch um sich selbst, daß nur alles so schnurrte. Und während ich mich zu ihm hingezogen fühlte, bemerkte ich, daß mein ganzer Körper zu einem einzigen Auge wurde. Und da sah ich nun auch den großen Kugelstern. Und ich hielt ihn für den Jupiter. Was aber sah ich da alles! Das wurde immer mehr. Und gleichzeitig fühlte ich diesen Jupiter mit meiner ganzen Atmosphäre, obschon er viele tausend Meilen von mir entfernt durch den Raum dahinschnurrte. Ich sah auch bald seine Monde. Es waren aber über dreißig Monde. Und ich zweifelte, daß dieser Stern der Jupiter sein könnte. Nun drangen immer mehr Eindrücke auf mich ein. Ich sah immer mehr kleine Sterne in meiner Nähe – und viele waren gar nicht kugelförmig – viele waren sehr zackig, und einzelne hatten lange Gliedmaßen – wie Tintenfische. Und dann wurde alles farbig – aber es waren viel mehr Farben da, als wir auf der Erde kennen. Und dann empfand ich ein Prickeln und Stechen in meinem großen Körper-Auge. Und alle diese Empfindungen vermehrten sich immerfort, und sie wurden immer stärker. Ich sah große Kometen und riesige Nebelwolken, die sich in meinem Körper als etwas Feuchtes bemerkbar machten. Und die Kometen warfen feine Blitzstrahlen aus und trafen mein

Körper-Auge, daß ich hätte aufschreien können. Ich konnte aber nicht aufschreien. Ich konnte nur immerzu denken. Plötzlich empfand ich eine riesige Helligkeit – ich sah die große Sonne – aber so, als wenn ich ganz in ihrer Nähe schwebte. Und da drang so furchtbar viel Neues auf mich ein, daß ichs nicht mehr aushalten konnte. Alles drehte sich in meinem Körper-Auge, und meine Atmosphäre wurde so empfindlich wie ein kranker Zahn – und immer empfindlicher – bis ich nur noch einen großen furchtbaren Schmerz empfand. Und ich wollte wieder schreien und konnte nicht. Und ich dachte plötzlich, ohne es so recht zu wollen, nur noch den Namen Mikosai – und wiederholte den Namen Mikosai immerfort – immerzu – bis ich das Bewußtsein verlor.«

Der Baron trank abermals ein Glas Grog; Allen war jetzt die Pfeife ausgegangen.

Und die Gräfin Clarissa sagte:

»Nachher ist dann der Baron Münchhausen wieder in Neu-Guinea erwacht. Und dieser Zaubrer Mikosai hat herzlich gelacht, daß der Baron das neue Leben auch nicht aushalten konnte.«

»Wir sind eben«, sagte Münchhausen, »für ein Sternleben noch lange nicht reif.«

»So was aber«, rief nun der Häuptling der Eskimos, »möchte ich auch mal erleben. Und wenns mich das Leben kosten sollte! Ich glaube, ich halts aus.«

Und da behaupteten plötzlich alle andern Eskimos ebenfalls, daß sie es aushalten könnten.

Und die Eskimofrauen sagten ebenfalls:

»Wir haltens auch aus. Geben Sie uns die Adresse dieses Mikosai. Wir wollen ihm gleich einen Brief schreiben, daß wir hinkommen.«

»Er ist«, sagte Münchhausen, »vor fünf Jahren gestorben. Ich habe selber gesehen, wie er in die Grube gesenkt wurde.«

Da wurden Alle sehr traurig.

Und sie gingen hinaus in die Polarnacht hinein und sahen über ihren Köpfen die unzähligen Sterne funkeln.

Und im Norden zitterte ein Nordlicht mit vielen bläulichen Strahlenbüscheln, die sich emporreckten – immer höher empor.

Und die Clarissa sagte zum Münchhausen:

»Diese Leute verstehen uns!«

Münchhausen nickte.

Neue Gartenkultur

Eine Glosse

Bekanntlich ist der alte Baron Münchhausen, der so köstliche Geschichten zu erzählen wußte, im Jahre 1904 wieder aufgetaucht. Sein hohes Alter erregt überall immer wieder berechtigtes Erstaunen – er ist ja älter als der alte Fritz. Aber – das weiß man ja schon sehr lange. Man weiß auch, daß er mit der jetzt 23 Jahre alten Gräfin Clarissa vom Rabenstein Jahre hindurch auf dem Stern Erde herumreiste. Letzthin mußte die Gräfin einer kleinen Kur wegen nach Wiesbaden. Der Baron wollte die Dame auch nach Wiesbaden begleiten. Aber das litt die junge Gräfin nicht.

»Münch«, sagte sie feierlich, »Du weißt doch, daß Europa momentan immer noch so furchtbar stumpfsinnig ist und von Deinen ästhetischen Erörterungen noch immer nicht Notiz nehmen will. Und da willst Du diesen Europäern die Ehre antun und ihnen einen Besuch abstatten? Das geht nicht. Bleib in China und schreib mir öfters. Ich fahr nach Wiesbaden allein und komme gleich zurück, wenn die Kur beendet ist.«

Und so geschahs.

Und in Wiesbaden durfte ich einen Brief des Barons lesen – er ist ganz kurz.

Der alte Münch schreibt:

Liebe, ewig heitere Clarissa!

Wie bedaure ich, daß Du nicht hier bist. Ich habe hier bei Herrn Li-Ka-Wa eine Gartenkultur kennen gelernt. O – Dir würden die Augen übergehen. Ich sitze hier in Nabong mitten im himmlischen Reiche. Das Meer ist nach allen Seiten hin sehr weit von mir entfernt. Doch das schadet nichts. Denn das gestrige Gartenfest entschädigt für alles. Leider habe ich bei meinem sehr starken Enthusiasmus ein wenig zuviel von dem alten Tartarenwein getrunken, dessen Macht Du ja auch schon kennst. Darum nur ein paar Notizen über die chinesische Gartenkultur:

Zunächst baut man hier in der Mitte des Kaiserreiches die meisten Gärten in die breitesten und in die engsten Schluchten hinein. Und die Berge vermeidet der Gartenarchitekt auch nicht. Man fürchtet eben nicht den Schatten.

Sodann: Hier sind die Leute nicht so, daß sie meinen könnten, ein Garten wäre nur für die Blumen und Bäume da. Hier gibts auch ganz große bunte Steinbeete. Staune nicht! Es ist so. Und die Anordnung dieser bunten, sehr vielkantigen und immer wieder anders geformten Steine ist oft so entzückend, daß man die Blumen gar nicht vermißt. Diese sind natürlich auch da, beherrschen aber nicht das ganze Feld.

Und nun kommt noch ein Weiteres: Porzellan wird auch in Mengen im Garten verwandt.

Das Herrlichste aber ist: Die Fülle von Glassachen im Garten. Ganze Alleen mit farbigen Glaskugeln. Parkpartien gibts, die des Abends, wenn alle farbigen Glaskörper elektrisch erleuchtet sind, wie Herden von Weihnachtsbäumen wirken.

Glaswände als Hintergründe für Pflanzenwerk sind überall sehr vielseitig aufgerichtet. Und in offenen Glasgrotten, die wie europäische Konzerthallen in Sommerlokalen wirken, sind Orchideen...

Und: Du kannst es weitererzählen – es gibt auch schon Glasblumen in diesen Gärten des Herrn Li-Ka-Wa. Hier ist man eben weiter als in Europa. Natur und Kunst bilden in der chinesischen Gartenkultur keine Gegensätze mehr. Demnächst *noch* mehr! Na Prost!

Ich bin Dein ewig alter

Münch von Münchhausen.

Diesen Brief habe ich wörtlich abgeschrieben und unterbreite ihn hiermit den Europäern mit Erlaubnis der Gräfin Clarissa vom Rabenstein.

Die Perlmutterstadt

Eine chinesische Geschichte

Bekanntlich weilt der uralte, nun schon hundertundfünfundachtzig Jahre alte Baron Münchhausen augenblicklich immer noch in China, und da entdeckte er Dinge, die noch kein andrer Mensch vor ihm entdeckt hat.

Über sein Neuestes schreibt er in einem Tagebuch, das er seiner Freundin, der jugendlichen Gräfin Clarissa vom Rabenstein, sandte, die noch vorgestern auf Helgoland war, das folgende:

17. Mai 1910. Kaping (Mittel-China).

Die Chinesen hier wollen mir einen großen Bären aufbinden. Sie erzählen mir von einer Stadt, die ganz und gar aus Perlmutter bestehen soll. Wer's glaubt, wird selig. Ich aber glaube es nicht, denn ich weiß, daß alle Menschen außer Clarissa und mir immer geneigt sind, zu lügen. Dieses ewige Lügen macht mir ja die Menschen hauptsächlich so verhaßt. Mein Menschenhaß ist doch eigentlich nur ein Lügenhaß.

Die Chinesen aber, die ich hier kennen lernte, lachen sehr viel und sehen sehr verschmitzt aus. Sie wollen mich überreden, hundert Meilen ins Land hineinzufahren. Zehn alte Herren in prächtig gewebten seidenen Staatskleidern, in denen zweitausend Farben mindestens zu sehen sind, wollen mich begleiten.

»Kein Spaß, Marquis!« sagen sie immerzu.

Und – wenn sie nicht so verschmitzt lächeln würden, wäre ich beinahe bereit, ihnen zu glauben.

18 Mai 1910.

Ich habe mich entschlossen, die Reise anzutreten.

Ich bin doch neugierig, wie die Sache auslaufen wird. Es ist sicher, daß mir etwas Abenteuerliches begegnen wird.

Wie aber wird es aussehen?

Das ist jetzt die große Frage.

Jetzt wollen mich schon dreißig Herren begleiten.

Mit meiner Dienerschaft und der kleinen Schutztruppe werden in achtzig Automobilen nicht weniger als zweihundertundsiebzehn Menschen zur Perlmutterstadt fahren.

Die dreißig Herren schwören immerzu:
»Die Stadt existiert.«

Na – wenn sie existiert, so ist es jedenfalls wieder sehr verwunderlich, daß man von derartigen Wunderstädten in ganz Europa und auch in ganz Amerika nicht eine blasse Ahnung hat.

Die Leute reisen heute mehr denn je – aber sie entdecken immer nur das, was längst bekannt ist.

Es scheint doch, als ob es mir wieder mal anders gehen sollte; ich hab ja schon so viele Dinge entdeckt, von denen Niemand bisher etwas wußte – warum also soll ich nicht eine Perlmutterstadt entdecken? Unmöglich ist das gar nicht; China ist ein so herrliches Land, daß man ihm das Unglaublichste zutrauen könnte.

10. Juni 1910. Maso (Besenstadt in China).

Das erste Abenteuer hätten wir also schon: wir sind Gefangene – allesamt – von den 217 konnte keiner entwischen. Getötet ist Niemand, verwundet auch Niemand. Und diese Stadt ist tatsächlich eine Besenstadt; vor jedem Hause sind ein paar hundert Besen aufgepflanzt. Und darum herrscht hier eine Sauberkeit – solche Sauberkeit habe ich noch nicht kennen gelernt. Und man sagt mir öfters:

»Marquis, wir sind nicht weit vom Ziel. Die Gegend wird noch viel sauberer werden.«

12. Juni 1910. Immer noch in Maso.

Wir sind als Gefangene nicht in ein Gefängnis gesteckt worden – aber in die Badewanne.

Wir wurden nur gefangen genommen – der Reinigung wegen; tüchtig wollte man uns reinigen. Wir ließen uns alles gern gefallen. Die Automobile sind jetzt auch sehr sauber. Aber – unser Gepäck ist uns abgenommen worden. Dafür haben wir andres Gepäck bekommen.

Und man hat uns in köstliche seidene Gewänder gehüllt.

Die Schutztruppe und meine Dienerschaft muß leider zurückbleiben.

Aber mit den dreißig chinesischen Herren fahre ich morgen weiter. Ich bin der einunddreißigste. Nun bin ich diesen freundlich lächelnden Chinesen ausgeliefert mit Haut und Haar.

Nun wollen wir sehen, was jetzt kommt.

Morgen also geht's weiter.

15. Juni 1910. Laupa.

Hier hört sich alle Schilderung einfach auf. Ich weiß gar nicht, was ich dazu sagen soll. Ich bin wirklich am Ziel; die Perlmutterstadt existiert. Die Chinesen haben Recht gehabt; es sind keine Lügner. Ich muß lachen, wenn ich an die Europäer denke; die haben keine Ahnung von diesem Stadtwunder.

Ich weiß gar nicht, womit ich anfangen soll.

Ich sitze in einem eirunden Saal – so wie in einer großen hohlen Eierschale. Die schräg ansteigenden Wände sind wirklich nur aus Perlmutter – aber nicht glatt – sie sind in unzähligen phantastischen Formen da – so wie echte Perlen – nur viel viel größer ist das meiste. Ich weiß gar nicht, wie die Geschichte gemacht ist; so große Muscheln gibt's doch einfach nicht.

Der Tisch, an dem ich sitze, hat Perlmutterfüße. Ja – diese Füße – die sehen aus wie Meerwunder. Seesterne – in allen möglichen Formen – sind überall. Aber diese Seesterne sind aus Perlmutter.

Dazu wirken die schlichten grünen Samtportieren großartig. Das Licht kommt von oben – durch ein großes Kaleidoskop, das sich in jeder Minute dreimal verändert. Das hängt mit der großen Perlmutterstanduhr zusammen, die in der Eispitze auf einem Perlmutterhügel thront.

Ich habe zwei Stunden auf einem schwarzen Samtdivan gelegen und geraucht, und dieses Milieu in mich aufgenommen.

Ich geb's auf, die Sache vollständiger zu beschreiben. Ich bin einfach überwältigt.

Das Pflaster der Straßen, auf denen ganz langsam unsre Automobile dahinrollten, ist auch aus Perlmutter – das ist ganz glatt.

Es muß künstliches Perlmutter sein.

Menschen hab ich nicht in den Straßen gesehen – Staub auch nicht. Jetzt begreife ich den Reinigungsprozeß, den wir durchmachen mußten.

Aber – die Triumphpforten.

Erinnern ganz entfernt an gotische Dome. Nur ist die Zahl der Türme und Erker überall unzählig. Und – Alles Perlmutter – in Milliarden von Formen – oft ganz drollige Auswüchse – Knollenphantasieen...

Die Automobile fahren tief unten in Schluchten. Oben rechts und links sieht man Perlmuttergeländer. Ich bin einfach futsch.

25. Juni 1910. Immer noch Laupa.

Laupa heißt diese Stadt. Ich werde den Namen nicht mehr vergessen. Ich bin gar nicht dazu gekommen, mein Tagebuch vernünftig weiterzuführen. Die Stadt ist von einem reichen Chinesen gebaut – mit Elektrizität wird alles gemacht. Windmotore sieht man überall. Und Saugluftapparate schlucken unaufhörlich allen Staub auf.

Einwohner hab ich auch kennen gelernt – die gehören aber alle zur Dienerschaft des reichen Chinesen. Der Überfall auf uns vor Maso war von dem Herrn der Perlmutterstadt arrangiert; die dreißig Chinesen wußten darum.

Pferde gibt's hier nicht – auch keine vierbeinigen Tiere. Nur Vögel gibt's – in köstlichen, sehr großen Käfigen – die Vögel sollen alle sehr reinlich sein.

Kein Lärm ist zu hören.

Dies ist ja eigentlich nur ein riesengroßes Schloß – aber es hat doch Stadtcharakter.

So oder so ähnlich müßten alle Städte aussehen, die einen größeren Kulturwert repräsentieren wollen.

Das muß in Europa bekannt werden.

30. Juni 1910. Glücklicherweise immer noch in Laupa.

Heute großes Diner beim Oberbibliothekar der Stadt. Es war auch der Direktor der hiesigen Kunstsammlungen da.

Ich erfuhr endlich, wie die ganze Geschichte gemacht ist.

Der Oberbibliothekar sagte:

»Die Geschichte ist sehr einfach, lieber Marquis! Sie kennen die venetianischen Wachsperlen, nicht wahr? Gut! Sie wissen, daß diese künstlichen Perlen von den echten nur dann zu unterscheiden sind, wenn man ein scharfes Messer auf sie rauflegt, mit der Scheide nach unten – und dann auf den Rücken der Scheide energisch raufkloppt. Bricht dann die Perle, so sieht man, ob Wachs, Stein, Blei, Eisen – darin ist – oder ob die Masse eine konforme Perlenmasse ist. Im letzteren Fall ist die Perle echt. Man stellt die künstliche Perlmuttermasse aus den Schuppen eines kleinen Fisches her. Der Fisch heißt Ukley und befindet sich zu Billionen in den sogenannten Ukley-Seen des Landes Ostpreußen. Aus diesem Lande haben wir all unser Perlmutter bezogen. Es hält ausgezeichnet. Die Europäer denken immer noch nicht daran, künstliches Perlmutter en gros herzustellen – und en gros zu verwenden. Die

Europäer sind doch immer trotz aller ihrer Erfindungen sehr weit zurück in der Kultur.«

Ich mußte dem Oberbibliothekar Recht geben.

»Ja«, versetzte ich, »die Europäer sind noch immer sehr weit zurück in der Kultur.«

»Merkwürdig ist nur«, fuhr der Chinese fort, »daß die Europäer gar nicht bemerkten, mit welchem Eifer wir dem Ukley nachstellten; die sibirische Bahn hat mächtige Gelder durch unsern Ukley-Transport eingenommen.«

Mehr habe ich bislang nicht aus den Tagebüchern abschreiben können. Die Gräfin Clarissa vom Rabenstein wollte mir leider das übrige nicht zeigen. Vielleicht bekomme ich's später – dann mehr…

Auf der Glasausstellung in Peking

Tagebuchnotizen des alten Barons

Der alte Baron Münchhausen ist soeben aus dem Innern Chinas zurückgekehrt. Und er schreibt in Peking das Folgende in sein Tagebuch:

10. September 1910.

Leute, die immerzu ganz nüchtern sind, werden niemals lustige Geschichten schreiben. Doch das nur nebenbei. Ich habe in den letzten vierzehn Tagen kolossale Schneestürme erlebt und...

Was ich aber heute hier in Peking erlebt habe – das stellt alle andern Ereignisse in den Schatten, wie man zu sagen pflegt. Eigentlich ist dieses Indenschattenstellen eine jener schrecklichen Phrasen, die mich immer ein wenig nervös machen. Nicht mal richtig ist diese Schattengeschichte. Aber – schweifen wir nicht ab! Peking hat in diesem Sommer in kaum drei Monaten eine internationale Glasausstellung arrangiert... Alle Wetter! Was die Chinesen alles fertig kriegen! Das hab ich ja immer gesagt: Die Chinesen werden noch mal das Hauptvolk der Erde.

11. September 1910.

Zuerst den allgemeinen Eindruck schildern!

Na – leicht ist es nicht.

Draußen, weitab von Peking – wohl anderthalb Meilen von der Stadt entfernt – springt da plötzlich eine ganz große Glasstadt aus dem Boden.

Sie springt natürlich *nicht*. Ich schreibe vor reiner Begeisterung den hellsten Unsinn hin. Aber daran erkennt man wieder, *wie* begeistert ich bin.

Das alles in drei Monaten!

Ringsum zunächst nur riesige Spiegelwände. Die rahmen das Ganze ein. Das geht jedoch nicht so einfach quadratisch. Nein – ganz unregelmäßig ist der Grundriß dieser kleinen Stadt.

Klein ist natürlich wieder ganz falsch. Die Dimensionen sind ganz beträchtliche. Eine Spiegelmauer ist fünfzig Meter hoch und achthundert Meter lang. Eisenstangen halten das Ganze. Die Eisenstangen sind karminrot lackiert oder emailliert. Und nun geht's in den Mauern aus Spiegelglas bald tief hinein und bald weit nach vorn. Dreitausend rechteckige Winkel sind im Grundriß. Und die Spiegelmauern haben viele Terrassen und auch Überkragendes, das durch viereckige Spiegelsäulen gehalten wird. Schwer vorstellbar. Aber so ist das Äußere.

Am selben Vormittag kam ich an. Ganz blau war der Himmel. Und die Spiegel wirkten nun in den oberen Teilen auch blau, so daß man anfänglich gar nicht bemerkte, daß da eine Glasstadt da war. Erst, als man näher kam, sah man das Glas. Viele Spiegelflächen glänzten mächtig. Ich fuhr erst dreimal um die ganze Ausstellung rum.

Die scharfen Kanten wirkten dort am besten, wo Glasfläche einfach an Glasfläche stieß.

Alles nur im rechten Winkel. Die Würfel herrschten an der einen Seite vor. Auf der nächsten waren hauptsächlich Terrassen da.

Die Zahl der Seiten weiß ich nicht – sehr viele sind es jedenfalls. Oben immer alles blau. Unten stoßen gelbe Kornfelder an die herrliche Stadt, so daß unten alles gelb aussieht – so, als wenn die Kornfelder einfach hineingehen in dieses Paradies.

Paradies!

Daß man sich, wenn man erregt ist, gar nicht die gewöhnlichen abgebrauchten Worte abgewöhnen kann. So hat sich jedenfalls ein Erdenmensch niemals das Paradies vorgestellt.

Ich blieb in einem Restaurant, das draußen mitten in einem Kornfelde liegt.

Da hab ich den Sonnenuntergang – in den Spiegelscheiben bewundert. Das war eine Pracht.

Ich ging gleich danach auf mein Zimmer, schrieb dieses nieder und sehe jetzt noch mal hinaus.

Der Mondenschein in den Spiegeln!

Und die Sterne auch in den Spiegeln.

Alles hundertfach und tausendfach.

Was doch Menschenhände schaffen können!

Hunderttausend Menschen haben das gemacht in drei Monaten. Und ich kenne jetzt erst das Äußere.

12. September 1910.

Heute war ich drinnen.

Nur Notizen kann ich geben.

Zunächst ein Saal mit Kaleidoskopen an den Wänden. Alles sonst schwarzer Samt. Aber in der Mitte der sechzehn Wände erscheint ein großer Kreis mit Kaleidoskopeffekt. Das Kaleidoskop verändert sich in jeder Minute. Immer wieder anders. Jede Laterna Magica oben über der schwarzen Samtdecke.

Das ist nur ein Empfangsspaß.

Viele Chinesen da – alle in seidenen Gewändern, die bunt gewebt sind. Ich auch in chinesischer Tracht. Hab mir die vom Hotelwirt draußen geliehen. Hellblau und hellgrün ist sie.

Mich ödet das Papier an, auf dem ich schreibe.

Ich schreibe nur der Europäer wegen, damit die merken, wieweit sie noch im Ausstellungswesen zurück sind. Ich wundere mich, daß hier außer mir noch keine andren Europäer da sind, obgleich viele hier ausgestellt haben. Die hier gearbeitet haben, sind alle in der Stadt beim Kaiser, der sie fürstlich bewirtet.

Die Saaldiener sind alle in Seide – eine Farbenpracht ist dabei entfaltet...

Ich sah zunächst die Säle für Tiffanyglas.

Ich blicke wieder hinaus.

Wieder Mondenschein!

Und die Sterne spiegeln sich in den Spiegelgläsern. Und man bekommt beinahe eine Vorstellung von der Unendlichkeit.

13. September 1910.

Heute kam ich erst nach Sonnenuntergang in das Innere.

Der Kaiser von China war am Tage mit Gefolge dort. Jetzt ist er schon wieder fortgefahren. Ich hab ihn nicht gesehen, da ich ja leider Europäer bin.

Ampeln sah ich heute – Glasampeln.

Ich habe wohl hunderttausend Stück gesehen. Und in allen brannte elektrisches Licht.

Die Ausstellungspaläste liegen alle an den Spiegelmauern der Einfassung des Ganzen.

In der Mitte drinnen geht's terrassenförmig hinunter.

Glasterrassen!

Farbige Glasterrassen!

Und die von unzähligen Glasampeln – farbigen – erleuchtet!

Unten in der Mitte Teich – aber keine Schwäne drin –.

Der Wasserteich wirkt ebenso wie das Glas und spiegelt den ganzen Himmel und die Lampen ringsum.

Beschreibe das ein Andrer.

Ich kann's nicht.

14. September 1910.

Man denkt, immer am Ende zu sein.

Aber es kommt immer noch besser.

Heute gab's Glasmalereien.

Aber – nur ornamentale.

Hab ich mich gefreut, daß es nur ornamentale gab. Man wird nicht an Europa erinnert. Die Ornamentik ist eine andere, da viel Tiffanyglas verwandt ist. Alles erinnert sehr an die Kaleidoskope im Empfangssaal.

Aber das Starre kommt hier so fein heraus.

Außerdem wurden mir Drahtglashäuser gezeigt. Der Draht im Glase macht das Glas selbst gegen Feuer ganz unempfindlich.

Auch Emailhäuser sah ich, – undurchsichtiges und durchsichtiges Email!

Die reinen Juwelierstücke!

Das beschreibe auch ein Andrer.

15. September 1910.

Jetzt dachte ich schon, es könnte Neues nicht mehr kommen.

Und siehe: da gibt es plötzlich kopf- und faustgroße Glasbrillanten.

Alle möglichen Kristallformen.

Und Farben!

Wir sahen daneben echte Brillanten ausgestellt. Und deren Farben brannten nicht heftiger und glühender – als die Farben der Glasbrillanten.

Allerdings – in diesen brannte zumeist elektrisches Licht.

Doch der Effekt ist derselbe.

16. September 1910.

Heute venezianische Gläser gesehen.

Indessen – ich weiß nicht, wo sie hergestellt sind. Sie erinnern nur an die venezianischen Arbeiten, bieten sonst aber durch ihre Größe ganz neue Effekte.

Ich verzichte bald darauf, mir Notizen zu machen.

Derartiges ist ja gar nicht zu fixieren.

17. September 1910.

Heute Glaskuppeln gesehen.

Über hundert.

18. September 1910.

An Stelle der Fahnen wurden heute, da ein großer chinesischer Feiertag ist, Stöcke überall herausgesteckt, die aus Glasbrillanten bestehen. Das funkelte. Die Stöcke drehten sich und verbeugten sich nach allen Seiten. Sie tun's jetzt noch – im Mondenschein.

Armes Europa!

Wie arm kommst du mir vor – wie arm!

Das »lebendige« Mastodon

Eine sehr merkwürdige Geschichte

Am 12. November 1910 war der alte Baron Münchhausen in Irkutsk und sandte mir plötzlich folgendes Telegramm:

»Hier soeben die kolossalste Entdeckung gemacht. Seit vielen vielen Jahrtausenden befinden sich Luftballons in der Erdluft. Und das sind natürliche Luftballons – aus der Eiszeit. Fallen Sie nicht vom Stuhl. Wir haben drei Stück gefangen. Zwei sind ganz leer. Aber im dritten befindet sich – es ist wirklich wahr – ein kleines Mastodon. Drei Meter lang ist das kleine Tier. Nicht viel größer als ein Elefant. Und das Drolligste ist: das Tierchen lebt. Das erste lebendige Mastodon auf unsrer Erde im zwanzigsten Jahrhundert der christlichen Zeitrechnung. Wenn das kleine Tier nicht Alles auf den Kopf stellt, so weiß ich tatsächlich nicht, was noch mehr passieren soll. Teilen Sie dieses Novum gleich allen Zeitungen mit und auch der Allgemeinen Gesellschaft für Luftozeanographie. Berufen Sie sich nur auf die Glaubwürdigkeit meines anerkannten Namens. Heute ist eben Alles möglich. Ich bin Ihr alter Baron Münchhausen.«

Das Telegramm kostete sehr viel Geld. Der Postbote lächelte. Und ich lächelte auch.

Was war nun zu tun?

Ich sandte einen Waschzettel an alle Zeitungen Europas und begab mich ins Bureau der Allgemeinen Gesellschaft für Luftozeanographie. Dort wollte man dem Baron sofort den Ehrendoktortitel verleihen. Ich aber riet ab. Ich sagte, wir müßten doch erst das Weitere erfahren. Denn – so bestimmt auch alles gehalten war – es war doch nicht unmöglich, daß sich der bekannte, nun schon 185 Jahre alte Baron mal einen kleinen Scherz leistete, denn die Sache erschien uns doch allen wie ein Märchen. Wo kam denn das Mastodon her? Und im Luftballon drinnen sollte es sich Jahrtausende hindurch lebend erhalten haben – ohne Nahrung?

Wir telegraphierten demnach an den alten Baron gleich das Nachstehende:

»Beim besten Willen nicht so ohne weiteres zu glauben. Wovon lebte das Mastodon? Und – wie sieht denn der Naturballon aus? Bitte umgehend Nachricht. Wir rüsten sofort Expedition aus, wenn sich das Unglaubliche bewahrheiten sollte. Die Direktion der A. G. für L.«

Die Antwort ließ nicht lange auf sich warten.

Sie lautete:

»Wovon das Mastodon so lange lange Zeit gelebt hat? Ja – das möchten wir auch gern wissen. Die verdünnte Luft, in der das Mastodon lebte, ist sofort bei der Öffnung entwichen. Das Mastodon lebt und hat eine Badewanne mit frischen Lachsen, einen zwei Meter langen Spickaal und zweihundert Bratwürste bereits aufgefressen. Jetzt sieht sich das kleine Tier lebhaft und freundlich mit den Augen blinzelnd nach mehr um. Und unser Vorrat muß erneuert werden.

Die Stoßzähne sind über einen Meter lang. Sonst ist das Tierchen ganz friedlich. Haut dunkelbraun und gar nicht faltig wie bei einem Elefanten. Die Ohren verändern ihre Farbe, sind zumeist dunkelviolett, sehen aber auch zuweilen orangefarbig aus. Wir fahren heute noch mit dem Tier nach südlicher gelegenen Gegenden, werden von dort aus gleich Näheres berichten. Wir fürchten nur, daß das Tier sehr rasch wachsen wird. Und dann dürfte doch die Ernährung eines derartigen vorsintflutlichen Monstrums mit Schwierigkeiten verknüpft sein. Hochachtungsvoll Münchhausen.«

Da lachten wir alle recht herzlich.

Aber – die Geschichte für einfach aus der Luft gegriffen zu halten, dazu hatten wir doch nicht den Mut; der Name Münchhausen flößte uns doch allen zu großen Respekt ein.

Lebhaft bedauerte ich, daß wir über die Form des Luftballons – besonders über die Beschaffenheit der Ballonhülle Näheres nicht erfahren konnten. Auch hätte uns eine Bemerkung über die Art des Ergreifens dieses fabelhaften uralten Ballons sehr erfreut.

Nun mußten wir uns in Geduld fassen. Und das ist bekanntlich nicht eine Kleinigkeit.

Zwei Tage und zwei Nächte vergingen, ohne daß wir eine weitere Nachricht erhielten.

Ich rannte jede zweite Stunde zur A. G. für L.

Und alles war vergeblich.

Da – endlich – der ersehnte Telegraphenbote.

Er wurde beinahe zerrissen vor Ungeduld. Und das Telegramm lief Gefahr, ebenfalls zerrisen zu werden. Doch es ging schließlich noch alles ganz gut ab. Münchhausen telegraphierte:

»Die Wachstumsmöglichkeiten sind in den letzten zwei Tagen ganz rapide gestiegen. Jetzt ist das Tierchen schon vier Meter lang. Aber – was das alles zu sich genommen hat. Wir sind hier mitten in China. Viel Volk ist immerzu hier und macht das Tier unruhig. Wenn das Tier nicht immerzu hier fressen würde, wär's wohl gefährlich. Verschiedene Tierärzte sind hier zur Stelle. Man wechselt in der Nahrung ab. Aber – wenn das so weitergeht, so ist das Tier in Jahresfrist so groß, daß es nicht mehr Platz auf dieser Erde hätte. Ich bitte, Expedition auszurüsten. Mir schwant ein Schauervolles. Münchhausen.«

Jetzt hatten wir die neue Adresse, und wir telegraphierten umgehend an den Baron dieses:

»Bitten um Angabe, woraus der Luftballonstoff bestand und wie groß er war. Ferner bitten wir um Nachricht, ob nicht noch eine Spur des Gases zu entdecken ist, das den Ballon oben hielt. Ferner bitten wir um Aufklärung, in welcher Höhe die drei Eiszeitballons entdeckt wurden. Und sodann um Angabe, wie das Herunterbringen der drei Ballons zur Erdoberfläche bewerkstelligt wurde. Expedition geht heute ab. Die Direktion der A. G. für L.«

Dieses Telegramm wurde nicht beantwortet. Unsre Depeschen begannen sich zu kreuzen. Münchhausen drahtete danach:

»Das Unglück wird immer größer. Das kleine Tier ist jetzt schon fünf Meter lang. Die Russen, die hier sind, haben beschlossen, das Tier zu töten. Ich widersetzte mich dem barbarischen Vorgehen mit allen Kräften. Aber ich fürchte, die werden nicht stark genug sein. Bitten Sie umgehend die Kaiser und Könige von ganz Europa, hier ein Machtwort zu sprechen. Wir müssen doch sehen, was aus der ganzen Geschichte wird. So was passiert doch nicht alle Tage. Wir werden nicht sobald ein neues lebendiges Mastodon entdecken. Bitten Sie die Direktoren der zoologischen Gärten um Unterstützung. Lassen Sie Millionen aufbringen. Ich opfre mein ganzes Vermögen und meinen ganzen Kredit. Diese Russen sind ein zu barbarisches Volk. Sie verdienen die Prügel, die sie sonst bekommen, durchaus. Das sind ja alles die reinen Henkersknechte. Bieten Sie auf, was Sie können. Hier ist jede Minute Milliarden wert. Schon ist das Tier fünfeinhalb Meter lang. Die Russen werden immer rabiater. Sie laden schon die Gewehre. Ich flehe Sie an, sofort dem Kaiser von Rußland zu telegraphieren. Ich bin außer mir. Ihr alter Münchhausen.«

Dieses Telegramm versetzte uns natürlich in eine ungeheure

Aufregung.

Und in Kürze schickten wir so viel Telegramme ab, daß unsre gesamten Ausgaben für Depeschen in den letzten drei Tagen insgesamt 35 000 M. betrugen.

Nun kam auch Antwort auf unsre Depesche von dem alten Baron, sie lautete:

»Die Ballons wurden oben in der Luft ungefähr 7000 Meter überm Meeresspiegel gefangen. Runterbringen war unmöglich, da sie uns plötzlich höher zogen. Wir also schnell entschlossen schnitten alle drei Ballons auf. Im dritten fanden wir das vergnügte Mastodon, das jetzt den Tod vor Augen sieht. Ich habe den Russen allen Whisky gegeben, den ich auftreiben konnte. Aber die Kerls können ja so schrecklich viel vertragen. Die drei Ballons waren übrigens durch Schlinggewächse aneinandergekettet. Durch eine Unvorsichtigkeit des ersten Steuermanns ging die ganze Ballonhülle leider über Bord. Nur das kleine Mastodon blieb bei uns und verursachte, daß wir mit unheimlicher Geschwindigkeit hinuntersanken und bei Irkutsk landeten. Tun Sie blos, was in Ihren Kräften steht. Die Russen trinken wie die Tollen. Aber sie werden dabei immer blutgieriger. Wenn ich das Mastodon nur fortschaffen könnte. Ich kann mich doch mit diesen Kerls nicht schießen. Außerdem würde hier die Gewalt alles vernichten. Helfen Sie Ihrem alten Baron Münchhausen.«

Nun wußten wir Alles.

Gleichzeitig ahnten wir aber auch, wie alles enden würde.

Der Baron ist ein starker Mann.

Aber – wie soll er gegen berauschte Russen aufkommen?

Außerdem – eine Gefahr steckt in dem Weiterfüttern des vorsintflutlichen Tieres doch. Allerdings: Hundert Meter könnte es schon lang werden.

Aber – kann's nicht noch bedeutend länger werden?

Das ist hier die Frage.

Diese Frage wurde durch das nächste und letzte Telegramm leider – leider – endgültig beantwortet.

Münchhausen drahtete:

»Kleines Tier sieben Meter lang geworden und dann infolge von zu vielen Kohlrüben plötzlich am Herzschlage verendet. Die Russen sind sehr vergnügt. Die meisten schlafen schon. Ich sorge dafür, daß das Mastodon dem Berliner Naturhistorischen Museum überwiesen wird. Es muß in Spiritus eingesetzt werden. Armes kleines Tier. Der alte Münchhausen.«

Das ist in aller Kürze die Geschichte, die alle Welt aufgeregt hat – wohl die merkwürdigste Luftgeschichte.

Das Gespensterfest

Eine Silvestergeschichte

Der alte Baron Münchhausen kann sich von China garnicht trennen; jetzt hat er bereits den Kaiser von China kennen gelernt – und da schäumt nun seine Begeisterung einfach über. Diese kommt in seinen Briefen an die Gräfin Clarissa vom Rabenstein so heftig zum Ausdruck, daß es sich wohl lohnt, noch einen dieser Briefe hier zum Abdrucke zu bringen.

Die Gräfin, die jetzt vierundzwanzig Jahre ist, muß sich augenblicklich in einer Berliner Klinik einer kleinen Operation unterziehen. Die ist aber nicht im mindesten beunruhigend.

Der alte Baron schreibt ihr aus Peking in seiner bekannten Frische das Folgende:

Meine liebe Clarissa!

Während Du Dich in Berlin operieren lassen mußt, haben mirs die Chinesen jetzt ganz und gar angetan.

Der Silvester des Jahres 1910 war für mich ein großes großes Ereignis. Urplötzlich hatte nämlich der hiesige Kaiser mir seine Automobile gesandt und mich sehr höflich bitten lassen, ihn doch gleich zu besuchen.

Ich wandelte grade in einem grünseidenen Schlafrock durch meinen kleinen Park. Doch – lassen wir das Nebensächliche. Ich kam hin, und der Kaiser sagte gleich:

»Gestatten Sie, Herr Baron daß ich Sie immer kurz nur Münch nenne, wie es die Gräfin Clarissa tut?«

»Majestät«, erwiderte ich heiter, »ich gestatte!«

»Dann gestatte ich Ihnen«, fuhr er jovial fort, »daß Sie mich Li-To nennen. So nannte mich immer meine selige Frau Großmama. An die erinnern Sie mich öfters.«

»Ich bin«, versetzte ich lächelnd, »mindestens dreimal so alt wie Ihre Frau Großmama. Aber Majestät – ich wollte sagen: lieber Herr Li-To – es ehrt mich ungemein...«

»Machen Sie keine«, rief Majestät, »so furchtbar überflüssige Redensarten. Sie sind hier im aufgeklärtesten Lande der Erdrinde – beim veritablen Sohne des Himmels. Eigentlich sind wir alle Söhne des Himmels. Setzen Sie sich, lieber Münch. Sie können auch das

Herr weglassen, denn ich bin zu einem alten Herrn, der nun schon sein einhundertundsechsundachtzigstes Lebensjahr erreicht hat, mächtig jovial. Na – das merken Sie wohl.«

Ich will nicht weiter mit dieser kaiserlichen Fraternität paradieren. Aber Du sollst blos sehen, daß ich hier *persona gratissima* bin. Das wird Dich freuen, darum sag ich das. In Europa kamen mir die alten Potentaten nicht so liebenswürdig entgegen – wie hier der junge Potentat Li-To.

Im Volke heißt er natürlich nicht Li-To.

Aber im Volke weiß man ja von dem Leben der Potentaten so wenig. Man faßt da alles so anders auf. Und man mißversteht so viele Dinge, denkt, der Kaiser von China hat einen Harem mit tausend Frauen und muß darum ein Idiot sein. Wir haben von seinem Harem nicht eine Silbe gesprochen.

»Seine Zeit«, sagte er, »mit Regierungsgeschäften anfüllen – das mag so die Gepflogenheit europäischer Potentaten sein. In China lächelt man darüber und verlangt derartiges von mir nicht. Einmal im Jahre habe ich mich dem Volke zu zeigen. Damit aber sind alle meine Regierungspflichten erfüllt. Das Übrige machen meine Mandarine. Und ich bin nicht so eitel, daß ich glauben könnte, durch persönliches Eingreifen viel besser zu machen. Im Gegenteil: Da ich die Verhältnisse im Volke doch niemals richtig überblicken kann, so glaube ich, daß jedes persönliche Eingreifen nur verwirren dürfte – ganz abgesehen davon, daß es nicht majestätisch wirkt. Majestätisch zu wirken aber – dazu bin ich verpflichtet. Indessen – von alledem spricht man nicht so viel. Lieber Münch, kommen wir auf das, was ich mit Ihnen zusammen genießen will. Heute haben wir Silvester.«

»Lieber Li-To«, sagte ich leise, »jetzt bin ich aber mächtig neugierig. Eine Lappalie ist es nicht. Davon bin ich überzeugt.«

»Da haben Sie«, versetzte er lachend, »ins Schwarze getroffen. Ich will ja mit Ihnen ein Gespensterfest mitmachen.«

»Ein Gespensterfest?« rief ich entsetzt.

»Jawohl, ein Gespensterfest!« fuhr er lächelnd fort, »Sie wissen doch, daß zwischen 11 und 12 Uhr die sogenannte Geisterstunde ist. Nun gut! Am Silvester eines jeden Jahres betrinken sich die meisten Menschen – die Astronomen aber auch – und zwar alle. Das ist so auf dem Stern Erde. Ich also sagte: ha! ha! um die Zeit kann also wohl auf den Sternwarten was ganz Besonderes zu sehen sein – das, was geheim bleiben soll. Merken Sie was, lieber Münch?«

Ich verneinte, und er fuhr fort:

»Ich hab im vorigen Jahr was Imposantes entdeckt – auf unsrer Sternwarte. Ich bin überzeugt, daß ich in diesem Jahre etwas Ähnliches entdecken werde. Und das will ich mit Ihnen zusammen genießen. Sind Sie einverstanden, lieber Münch?«

Ich bejahte.

Und wir aßen dann unter anregendem Gespräch ein vorzügliches Abendbrot – zur Stärkung – wir beide ganz allein. Das war auch schon himmlisch.

Aber das wahrhaft Himmlische kam dann für den Sohn des Himmels und für mich um die elfte Stunde – hoch oben auf der Sternwarte des Kaisers von China im Residenzpalaste zu Peking, allwo wir beide auch allein waren, während alle andern Schloßbeamten, Schloßgelehrten, Schloßmandarine und Schloßdiener den Abgang des alten Jahres in schlemmerhafter Weise feierten.

Wir saßen währenddem schweigend vor unsern beiden Teleskopen und suchten das Himmelsfeld dicht über dem Horizont ab.

Und was wir erwarteten, konnten wir bald sehen.

So was hab ich nicht für möglich gehalten.

Aber wahr ist es.

Die Beschreibung fällt mir etwas schwer.

Es ging alles zu schnell.

Zuerst sahen wir weiße Flecke über dem Horizont. Die gingen plötzlich in Kristallformen über und sandten glühende Farbenkegel aus wie Brillanten.

Dann fielen ganz zarte Schleiergebilde über die Brillanten und nahmen ihnen das Licht.

Und bald lag das Ganze wie ein feines Wolkengebirge da – hellblaue – und auch dunkelblaue – und auch einfach graue Stellen dazwischen.

»Das ist nur der Anfang!« sagte der Kaiser.

Man mußte das Teleskop oftmals drehen, da man ja immer nur einen kleinen Teil des Himmels sah.

Nun gab mir der Kaiser einen großen Operngucker, der auf einem großen drehbaren Gestell ruhte.

Damit konnte man nun mehr sehen.

Es war wie in einem Theater.

Und ich hatte schon den Kaiser im Verdacht, daß er uns am Horizonte einfach etwas vormachen ließ – von seinen Leuten.

Da jedoch reckten sich gelbe Gebilde am Horizont empor und wuchsen immer höher und blieben durchsichtig wie Kometenschweife und bekamen baumartige Formen mit starken Ästen. Und diese gelblichen Bäume erhielten rote Ränder auf einer Seite.

Und aus den Ästen sprangen bläuliche Wesen hervor mit großen blauen Köpfen.

Und das Ganze verschwand mit einem feinen hörbaren Knall.

»Was ist das denn?« fragte ich ruhig.

Und der Kaiser sagte:

»Ein Gespensterfest! War schon im vorigen Jahre da. Aber damals wars ganz anders. Unsre Astronomen amüsieren sich und lassen sich das Herrlichste des ganzen Himmels entgehen. Ich habs ihnen nicht gesagt. Aber Sie, Münchhausen, können die Geschichte den Europäern erzählen. Man entdeckt hier doch mehr als in Europa! Ah! Jetzt kommt es!«

Und es wurde der ganze Himmel dunkelviolett. Und karminrote Gestalten – wie abenteuerliche Rosse – jagten auf dem dunkelvioletten Hintergrunde vorüber. Gleichzeitig kam eine grellgrüne kleine Sonne über dem Horizont zur Hälfte vor und sandte kleine Scheinwerfer – hellgrüne – nach allen Seiten. Und die Sonne bekam dunkelgrüne Augen, die leuchteten und brannten wie Smaragde.

Wieder ein kleiner feiner Knall – und alles tobte wüst durcheinander, daß wir nicht folgen konnten.

Danach gingen – an das Fabelhafte des ganzen Vorganges hatte ich mich schrecklich schnell gewöhnt – die Beine großer Gestalten vorüber. Die Köpfe konnte ich nicht sehen. Aber die Beine waren pechschwarz und hatten unzählige Kniegelenke übereinander. Die Füße hatten ganz lächerliche Formen, gingen auf und ab – wie bei einem langsamen Tanz.

Und dann wurde alles am Himmel so hell, daß wir die Augen schließen mußten. Das Licht blendete uns.

»Das soll ein Gespensterfest sein?« fragte ich langsam.

»Münch«, rief da der Kaiser zornig, »Sie sind an so abenteuerliche Geschichten gewöhnt, daß Ihnen das Gespensterfest keine größere Freude bereitet. Sie sind doch maßlos blasiert. Ein Astronom würde an Ihrer Stelle halbtot vor Begeisterung sein. Sie sollten sich doch ein wenig schämen.«

»Majestät!« rief ich da auch etwas aufgebracht, »wenn ich hier herumhopse vor purer Begeisterung, so bin ich doch nicht in der

Lage, die seltsamen Abenteuer weiter zu verfolgen. Man muß doch neuen Erscheinungen gegenüber seine Ruhe bewahren. Jedenfalls möchte ich doch die Natur dieser Gespenster etwas näher kommen lernen. Vorläufig finde ich noch nicht den Zusammenhang.«

Da bildete sich in der Mitte hinter den tanzenden schwarzen Gespensterbeinen ein großes Loch. Die Beine verschwanden, und das große Loch wurde grau, spinngewebeartig und immer größer.

»Schnell wieder an die Teleskope!« schrie der Kaiser.

Wir tatens und sahen nun in dem grauen Loch eine Unmenge von geisterhaften Wesen – alle grau – und wie Schleier wirkend – mit großen und kleinen Köpfen. Die wogten da durcheinander. Und man sah, daß alles in einer gewissen festlichen Bewegung war. Und da flammten überall in dem Loch blaue, rote und grüne Lampen auf. Die wirkten ganz klein.

»Münch, hören Sie etwas?« fragte der Kaiser.

Ich horchte, aber ich hörte nichts.

Nun sahen wir wieder durch das große Opernglas und bemerkten, daß derartige Löcher auf allen Seiten des Horizontes sich aufgetan hatten.

Und diese Löcher veränderten ihre Form und wurden zu Abgründen.

Und das ging alles so rasend rasch, daß es mir unmöglich wurde, Einzelheiten festzuhalten.

Ich habe die Absicht, das ganze Traumbild – als solches kam es mir schließlich vor – in einem langen Romane zu schildern.

»Ja«, sagte ich schließlich, als alles verschwunden war, »haben wir das wirklich erlebt? Ich kann noch gar nicht an das Veritable des ganzen Spukes glauben.«

»Im vorigen Jahre«, erwiderte der Kaiser, »ging es mir grade so. Ich glaubte, geträumt zu haben. Deshalb bat ich Sie ja grade, lieber Münch, in diesem Jahre dem Vorgange beizuwohnen. Wir sind auf der Erde bereits an so viele Wunder gewöhnt, daß es uns nicht wundern darf, wenn wir ein wenig abgespannt selbst dem Kolossalsten beiwohnen. Dieses war wohl das Kolossalste, das ich erlebt habe. Ich freue mich schon auf das nächste Jahr. Ich glaube, die Silvesternacht wird immer großartiger werden. Jetzt wollen wir auch die Herren der Wissenschaft darauf aufmerksam machen. Die sollen uns diese himmlischen Wunder erklären. Ich fürchte, ihre Weisheit wird dabei ebenso versagen – wie bei allen andern Wundern des Himmels. Ist denn die Sonne – und sind denn die Kometen – weniger wunderbar als das, was wir heute sahen?«

Also sprach der Kaiser von China.

Ich füge dem nichts mehr hinzu.

Ich bin wie stets
Dein alter Münch von Münchhausen.

Ober-Luftkellner, Kohlensäcke und astronomische Reklamemanöver

Eine Hotelgeschichte

Traf neulich in Johannistal den Grafen vom Rabenstein mit seiner Tochter Clarissa.

Gleich sagte mir der Graf:

»Der alte Münchhausen ist im Kaukasus.«

Und ich erwiderte gleich:

»Wohl im neuen Demawand-Hotel. Der Demawand ist ja der orientalische Brocken. Da hat er sicherlich wieder eine Gespenstergeschichte erlebt. Kann mirs schon denken. Möchte ebenfalls mal so was Geisterhaftes erleben. Auf dem Demawand sollen ja unzählige Geister hausen – böse und gute – langweilige und kurzweilige – dicke und dünne – lange und kurze.«

»Hören Sie auf!« rief der Graf, »Münchhausen telegraphierte mir allerdings vom neuen Demawand-Hotel aus. Aber von Geistern stand in dem Telegramm gar nichts. Dagegen berichtete das Telegramm von neuen naturwissenschaftlichen Entdeckungen – von Entdeckungen, die in der Luft liegen. Der Baron sprach dabei viel von einem geheimnisvollen Ober-Luftkellner und von Atmosphärenforschung. Alles höchst wissenschaftlich und sehr modern. Haeckel soll sich auch schon für die Sache interessieren.«

»Hören Sie, Herr Graf«, rief ich da sehr laut, »da werde ich mißtrauisch. Ich fürchte, ganz im Vertrauen gesagt, daß dieses Mal dem Baron unwahre Geschichten erzählt worden sind. Wenn schon ein Ober-Luftkellner dabei ist, so ist die Sache *sehr* luftig und *sehr* windig. Ich kenne diese Onkels mit der ehrwürdigen Pastorenmiene ganz genau. Ich trau ihnen nicht zehn Schritt. Hochstapler und Schwindler sind es. Es tut mir leid, daß das dem Wahrheitsfreunde Münch von Münchhausen, der neulich schon 186 Jahre alt wurde, passieren mußte. Ich bedaure den alten Herrn.«

»Sprechen Sie im Ernst?« rief die Gräfin Clarissa.

Und ich sprach beteuernd die Hand auf meine Brust legend mit bewegter Stimme:

»In meinem vollsten Ernst!«

Da sagte die Gräfin kalt lächelnd:

»Dann müssen wir sofort zum Demawand-Hotel. Kommen Sie

mit. Papa, ruf den Chauffeur!«

Der Papa rief sofort:

»Ober-Luftchauffeur!«

Und der kam denn gleich mit seinem umfangreichen Parseval.

Wir stiegen sofort ein und fuhren los. Es ging erst durch den Sonnenschein, dann durch den Mondenschein, durch polnischen Hagel und durch russischen Schnee.

Am nächsten Abend betraten wir das neue Demawand-Hotel. Der alte Baron eilte uns wie ein Jüngling entgegen und lud uns zum Abendbrot ein. Wir hatten einen Bärenhunger, da unser Gondelvorrat doch nicht für die lange Fahrt gereicht hatte. Auch hatte uns unser Ober-Luftchauffeur die größten Fleischstücke und die besten Delikatessen vor der Nase fortgeschnappt – immer unter der Bemerkung, daß er sich sehr anstrengen müsse und für eine gelungene Fahrt nur dann garantieren könne, wenn er sich tüchtig satt gegessen hätte. Und er behauptete immer wieder, ganz hungrig zu sein. In Rußland hörten wir unter uns sehr häufig Scharen von hungrigen Wölfen heulen. Das machte uns immer wieder sehr nachgiebig unserm Ober-Luftchauffeur gegenüber.

Doch ich will nun nicht Näheres über das Interieur und Exterieur des neuen Hotels berichten, das nur für Luftfahrer bestimmt ist. Diese kunstgewerblichen Beschreibungen überlasse ich andern Federn.

Wir setzten uns an den köstlich gedeckten Abendbrottisch. Und ich lernte den geheimnisvollen Ober-Luftkellner kennen.

Der sagte gleich sehr geheimnisvoll zu mir:

»Sie sind Luftforscher, sagte mir der Baron. Das freut mich sehr. Ich kann Ihnen Wunderdinge berichten. Aber ich bitte sehr um Diskretion. Wer wie ich jeden Abend auf unsrer Hotelsternwarte weilen darf, der lernt da etwas kennen – mehr, als die meisten Menschen ahnen. Die Wissenschaft ist schon sehr weit.«

»Sehr weit?« fragte ich mit weit aufgerissenen Augen.

»Sehr weit!« erwiderte er höflich, während er mir die Schüssel mit dem kalten Kalbsbraten reichte.

Ich sah ihn von der Seite scharf an – den Geheimnisvollen – den Raffinierten…

Aber ich will nicht vorgreifen.

Er hatte Glatze, goldene Brille, eisig ernstes Gesicht mit zwei großen schneeweißen Bartkoteletts, zinnoberroten Gehrock trug er, zinnoberrote Beinkleider, schneeweiße Weste und weiße Krawatte. Sah aus wie ein distinguierter Gesandschaftsattaché – wie ein alter Gauner...

Aber ich will nicht vorgreifen.

Beim Obst wollte ich nun endlich etwas von den naturwissenschaftlichen Luftgeheimnissen wissen. Ich sprach mit Energie wie ein edler Professor:

»Herrlich, daß man sich hier so für die Luftforschung interessiert. Ich glaube auch, daß man da noch die allergrößten Wunder erleben kann. Selbst Haeckel soll sich ja schon für die Sache interessieren. Aber – *was* hat man denn wieder entdeckt? – Bin sehr neugierig. Erzählen Sie doch, Herr Ober-Luft!«

»Es klingt«, erwiderte dieser tiefernst mit Totengräbermiene, »nicht sehr glaubwürdig und ist doch im vollen Umfange wahr. Sie wissen wohl, daß der Astronom die Stellen am Himmel, an denen beim besten Willen mit den besten Teleskopen Sterne oder Nebel nicht zu entdecken sind, Kohlensäcke nennt. Derartige Kohlensäcke kennen wir viele. Und die Gelehrten unsrer Zeit vermuten, daß diese Kohlensäcke einfach luftleere Räume darstellen. Man hat diese Hypothese bislang noch ignoriert. Aber die Astronomen unsrer Hotelsternwarte haben die Hypothese ganz ernst genommen – denn – nun hier beginnt das Unglaubliche!«

»Weiter! Weiter!« rief ich ungeduldig.

Münchhausen saß da wie ein alter Pagode, nickte immerzu mit dem Kopfe – ganz langsam – und sagte nicht eine Silbe. Der Graf aß Caviar, die Gräfin las, um ihre Erregung zu verbergen, scheinbar interessiert in einem französischen Journal.

Der Herr Ober-Luftkellner fuhr mit eisiger Stimme also fort:

»In den eisigen Regionen der höheren Erdatmosphäre haben wir ebenfalls Kohlensäcke entdeckt – oben auf unsrer Hotelsternwarte. Und wir sind jetzt ganz fest davon überzeugt, daß *diese* Kohlensäcke der Erdatmosphäre luftleere Räume sind – ganz luftleere. Darum glauben wir auch an die Luftleere der weiter im Raume befindlichen Kohlensäcke. Es ist jedoch fabelhaft, wie schnell sich die Erdkohlensäcke durch die Atmosphäre bewegen. Und – unbegreiflich erscheint es uns, daß diese luftleeren Räume – viele Kilometer im Durchmesser – gar nicht durch die sie umgebende Luft berührt werden. Die Erscheinungen sind in fünfzehn Meilen Höhe entdeckt worden. Die andern Sternwarten sind davon benachrichtigt, sie verhalten sich aber abwartend. Seit drei Tagen haben wir noch nichts wieder entdeckt. Die Astronomie verlangt viel Geduld. Möglich, daß die Kohlensäcke, diese vollkommen unfaßbaren Erscheinungen, die wie riesige Blasen dahinziehen, ohne daß man etwas von der Blasen*haut* bemerkt, auch tiefer zur Erde niedersteigen. Dann könnten sie vom Luftballon aus untersucht werden. Jedenfalls wäre die Untersuchung eine preiswerte Aufgabe für alle Luftfahrer. Übrigens: ich bin der Meinung, daß eine absperrende Blasenhaut sehr wohl denkbar wäre. Wir müßten dann nur annehmen, daß diese Haut gleichfalls aus einem gänzlich durchsichtigen, nicht spiegelnden Stoffe hergestellt ist. Solche Stoffe kennen wir noch nicht. Sollten sie wirklich die Kohlensäcke einschließen, so wären diese eine Art Naturluftballons.«

Er schwieg und entkorkte eine neue Flasche alten Rheinweins. Der Graf aß immer noch Caviar – echten Caviar aus dem nahen Astrachan. Der Baron nickte kurz mit dem Kopf und sagte:

»Ja, das hab ich ebenfalls schon gehört. Leider sind die Astronomen auf der Sternwarte nie zu sprechen, da sie immerzu bei der Arbeit sind.«

»Ich danke Ihnen!« sagte ich zum Ober-Luft.

Und dann sprachen wir wieder über Europa, China und Amerika und taten so, als wären die Kohlensäcke mit ihrer Luftleere einfach Luft in unsern Augen.

Dann flüsterte ich dem Baron zu:

»Wir wollen den Mann belauschen. Hinter dieser Geschichte vermute ich eine sehr kecke Hotelreklame – astronomische Reklame.«

Statt schlafen zu gehen wie die Andern, durchwanderten wir noch zu Zweien das ganze Hotel und kamen zu einem Raume neben der Küche, in dem sich das ganze Hotelpersonal zu versammeln pflegte. Neben diesem Raume befand sich ein kurzes dunkles Spindzimmer. Ich mit dem Baron rasch da hinein.

Und wir warteten im Dunkeln vier volle Stunden.

Und dann hörten wir die Stimme des ehrwürdigen Ober-Luftkellners. Und was sagte dieser Kerl?

»Heute«, sagte er lachend, »hab ich mal wieder einen Richtigen reingelegt. Es ist zum Totlachen, wie leicht sich die Leute reinlegen lassen. Die Kohlensäcke sind eine ganz besondere Reklame für unser Hotel.«

Weiter hörten wir nicht. Wir schlichen auf den Zehen zu unsern Zimmern. Und ich habe hier die Geschichte berichtet, wie sie sich abgespielt hat – zur Warnung der Leichtgläubigen. Und gleichzeitig auch, damit sich diese frivole wissenschaftliche Lügenhaftigkeit lebhaft von der unerschütterlichen Wahrheitsliebe des alten Barons von Münchhausen abhebe.

Der sagte mir noch kurz vor meinem Zimmer:

»Famos, daß Ihnen die Entlarvung so fein geglückt ist.«

Der Baron als Retter

Eine Diplomatengeschichte

Der alte Baron Münchhausen, der ja jetzt bekanntlich schon 187 Jahre alt ist, weilte am Ende des Jahres 1911 in China und sah der Absetzung des Kaisers von China ganz aus der Nähe zu. Dabei lernte der Baron sämtliche Diplomaten der chinesischen Republik kennen und telegraphierte nach Europa mehrmals:

»Donnerwetter! Die chinesischen Diplomaten sind doch zu schlau – immer noch schlauer. Hier kann man was lernen. Donnerwetter!«

Diese Telegramme gelangten auch in die Hände von verschiedenen deutschen Regierungsräten – natürlich auf Umwegen.

Und im August des Jahres 1912, als der Baron zufällig wieder in Berlin war, sagte der Geh. Regierungsrat von Wussow zu dem Geh. Regierungsrat von Dochow:

»Sagen Sie mal, Kollegel, der alte Baron von Münchhausen hat die chinesischen Diplomaten ganz genau kennen gelernt und ist dabei selber ein großer Diplomat geworden. Wie wärs, wenn Sie ihn, den Baron, nächsten Sonnabend einlüden? Ich glaube: er kommt. Er kann unser Retter sein. Wir wissen doch tatsächlich nicht, was wir zu dem Gothaer Aeroplan-Turnier sagen sollen. Vielleicht – ja vielleicht ist es möglich, den Baron als Retter in die gute Gesellschaft einzuführen. Wir fragen ihn gleich, was er zu dem Aeroplan-Turnier sagt. Ich glaube: er antwortet uns so, daß wir die Retter Europas werden könnten. Wie denken Sie darüber?«

Herr von Dochow klemmte sich sein Monocle ins linke Auge, sah träumerisch in die Ferne und bemerkte nach zwei Minuten:

»Ich werde ihn sofort einladen.«

Und es geschah.

Und am Sonnabend waren 100 Geheime Regierungsräte mit ihren Damen in dem großen Garten des Herrn von Dochow.

Der Baron von Münchhausen ward von allen Herren umringt und zu seinem prächtigen Aussehen herzlich beglückwünscht – hundert Mal!

»Nun – zu den Damen!« rief der Baron lustig.

Doch da kam der Herr des Hauses und sagte listig:

»Herr Baron! Bitte erst eine Frage beantworten!«
Der Baron nickte, und Herr von Wussow sprach:
»Was sagen der Herr Baron zu dem Aeroplan-Turnier in Gotha, das am 18. d. M. stattgefunden hat?«
»Oh! Oh!« erwiderte der Baron, »ich lese ja keine Zeitungen; ich habe keine Ahnung, was da stattgefunden hat. In Gotha? Gotha ist mir wohl bekannt.«
»Es war«, fuhr Herr von Wussow fort, »ein veritables Bomben-Turnier.«
»Was Sie sagen!« rief der Baron lebhaft.
»Ja«, fuhr Herr von Wussow abermals fort, »es waren zwei Wurfkonkurrenzen ausgeschrieben. Die Flieger sollten in zweihundert Meter Höhe Bomben auswerfen – natürlich vorläufig ohne Dynamiteinlage. Einmal wars ein Feld von hundert mal hundert Meter Grundfläche, das andere Mal ein kleiner Zeppelin. Lindpaintner warf zehn Mal auf das Feld und traf sieben Mal. Was sagen Sie dazu, Herr Baron? Wenn diese Konkurrenzen allgemeiner werden, so sind unsre Warenhäuser, Kirchen und Sitzungssäle in der allergrößten Gefahr. Wie vermeiden wir die Zerstörung dieser wichtigen Staatsinstitute? Das müssen Sie uns erst sagen. Sie sind ja in China gewesen.«
»Nachher«, rief von Dochow, »führen wir Sie zu den Damen – wir führen Sie dort als Retter ein.«
»Einen Stuhl!« rief der Baron.
Man brachte ihn, der alte Herr setzte sich, zog sein Notizbuch hervor und machte zehn Minuten hindurch Notizen. Die geheimen Regierungsräte wurden durch das Stehen sehr angestrengt, und sie setzten sich nach und nach alle auf Stühle, Klubsessel und Diwans; die Diener schleppten die Sitzgeräte mit großer Gewandtheit herbei.
Als sie alle so da saßen, sprach der Baron:
»Merkwürdig, daß Ihnen dieses Problem Schwierigkeiten macht. Eine Gegenfrage zunächst: warum haben Sie die Stadt Rixdorf in Neu-Kölln umgetauft?«
Betreten sah einer den andern an, schließlich bemerkte kleinlaut Herr von Dochow als Herr des Hauses:
»Eine sehr diplomatische Frage!«
»Sie müssen mir«, fuhr der Baron fort, »diese Frage schon beantworten, sonst schweige ich wie eine Pyramide – und wenn zehntausend Frauen da sein sollten.«

»Hm!« erwiderte von Dochow, »vielleicht hat Herr von Wussow die Güte, sich über Neu-Kölln zu äußern.«

»Soll«, fragte wieder von Wussow, »eine ganz freimütige Antwort erfolgen?«

»Gewiß! Gewiß!« riefen alle Geheimräte.

Herr von Dochow bat die Dienerschaft, sich sofort zu entfernen.

Es geschah.

Und Herr von Wussow sprach nun leise und hastig:

»Es war natürlich überall bekannt, daß Rixdorf ganz und gar von Sozialdemokraten bewohnt wurde; Rixdorf war eine Hochburg der Sozialdemokratie. Es gibt noch viele andere derartige Hochburgen. Aber mit Rixdorf sollte der Anfang gemacht werden. Es wurde uns die Aufgabe gestellt, Rixdorf als Hochburg zu vernichten. Und die Lösung des Problems gelang uns spielend: Rixdorf verschwand, indem sein Name verschwand; Neu-Kölln wird Niemand mehr eine Hochburg der Sozialdemokratie nennen; das steht bombenfest.«

Er schwieg, und die andern neunundneunzig Geheimräte blickten mit Stolz auf ihren Kollegen.

Herr Baron von Münchhausen steckte sich eine Zigarre an und sagte:

»Dachte mir schon, daß die Sache so zusammenhängen würde. Ja! Das Umtaufen! Wenn Sie nun den Patriotismus neu beleben wollen, sodaß er Ihnen bei Bekämpfung der höheren Dynamitgefahr hilft – d. h. gegen das Dynamit, das von oben kommt, schützt – so seien Sie noch kühner bei dem bevorstehenden Umtaufen der Städte. Zunächst seien Sie harmlos, damit man sich an die Umtaufen gewöhnt. Machen Sie aus Groß-Lichterfelde – Berlin-Lichterfelde, aus Zehlendorf-Wannseebahn – Zehlendorf-Mitte; das wirkt harmlos. Dann aber kitzeln Sie den patriotischen Ehrgeiz: machen Sie aus Charlottenburg – Gravelotte, machen Sie aus Köpenick – Sedan usw. usw.«

»Ja«, rief nun Herr von Wussow entsetzt, »das macht ja die Bevölkerung noch kriegerischer. Das wäre ja Selbstmord.«

»Selbstmord!« klang es von rechts.

Und »Selbstmord« klang es auch von links.

Herr von Dochow klemmte wieder sein Monocle ins linke Auge und sagte zu Herrn von Wussow:

»Ihre Einladungsidee scheint nicht sehr berühmt zu werden, Herr Kollege!«

»Na, warten wirs«, versetzte der heftig, »doch erst ab.«

Der Baron rauchte und gestattete seinen Zuhörern, immer wieder das Wort »Selbstmord« zu verwenden.

Endlich rief Herr von Wussow:

»Ich bitte sehr um Ruhe. Der Herr Baron will doch fortfahren.«

»Freilich!« sagte dieser, »hören Sie doch: wenn alle Schlachtplätze Frankreichs aus dem Kriege von 1870 auf die einzelnen Städte Deutschlands verteilt sind – wenn Straßburg – St. Privat heißt, Hamburg – Neu Orleans – usw. – und wenn man recht oft das Wörtchen ‚Neu' verwertet hat, so kann man, da ja die Bevölkerung schon an die Umtauferei gewöhnt ist – so kann man – Berlin – auch in Neu-Paris umtaufen.«

»Ah!« riefen da alle Geheimen, und sie hielten den Mund länger auf, als schicklich ist.

Herr von Wussow lachte plötzlich ganz laut.

Die Andern lachten ganz leise.

Und alles sah den Baron gespannt und fragend an.

»Weiter!« rief Herr von Dochow.

»Nun«, fuhr der Baron fort, »jetzt könnten Sie sich doch ganz leicht den Text selber konstruieren. Frankreich würde nach dieser Tauftat Deutschlands doch Paris zu Neu-Berlin machen––– alles würde lachen, lachen, sehr laut lachen.«

Jetzt lachten alle Anwesenden so laut, daß sich die Damen, die fünfhundert Meter entfernt waren, ganz erschrocken umblickten.

Der Baron stand auf und sagte:

»Bin ich jetzt Ihr Retter?«

Und alle riefen jubelnd:

»Ja! Ja!«

»Die Lachenden sind immer friedlich.«

»Die Bomben schmeißenden Flieger werden ja nicht Städte beunruhigen, die Heimatsnamen der Flieger tragen.«

»Und das gilt für beide Parteien.«

Herr von Dochow führte den Baron zu den Damen und stellte ihn nur mit diesen zwei Worten vor:

»Unser Retter!«

Da verbeugten sich die Damen sehr tief, denn sie wußten ganz genau, warum der Baron eingeladen war.

Der Baron als Organisator

Eine Fabrikgeschichte

Im Sommer des Jahres 1912 wurde der alte Münchhausen in Berlin so berühmt, daß ihn eines Tages zehn amerikanische Dollar-Millionäre besuchten und ihn baten, doch eine Glasfabrik, die vierzig Meilen hinter Milwaukee liegt, zu organisieren; er sollte dort Anordnungen treffen, die die Glasarchitektur populär machen könnten.

»Was ich alles soll!« rief der Baron.

Doch ihm wurde versprochen, daß er selber in den prächtigsten Glaspalästen sein Heim aufschlagen dürfte.

Und das Pekuniäre war so glänzend, daß der alte Herr sehr bald in aller Form »Ja« sagte – zu Allem.

Er gab schnell der Gräfin Clarissa vom Rabenstein durch ein längeres Telegramm Nachricht und verabschiedete sich gleich am selben Abend bei seinen Bekannten.

Kurz bevor er in seinem Automobil zur Bahn fahren wollte, hielt ihn noch der Graf Klemándoff fest und sagte rasch zu ihm:

»Eine Kleinigkeit, Herr Baron: Sie wissen, daß ich hier als Chef der russischen Sicherheitspolizei die Aufgabe habe, alle Großfürsten, die sich in Berlin amüsieren, zu schützen vor Attentaten. Können Sie mir nicht einen Rat geben, wie ich das am besten anfange?«

Der Baron besann sich einen Augenblick und sagte dann kurz:

»Tausend imitierte falsche Großfürsten einführen und mit Taschengeld ausrüsten.«

Der Graf Klemándoff kraulte sich hinter den Ohren und sagte:

»Bin so schwer von Begriffen; neulich vom Pferde gestürzt.«

»Nun«, fragte der Baron, »trägt nicht jeder Großfürst Lackschuhe, Zylinder und ein Monocle?«

»Freilich! Freilich!« rief der Graf.

»Also«, fuhr Münchhausen fort, »kaufen Sie ein paar tausend Monocles und – suchen Sie sich die Leute aus.«

»Sie glauben?« fragte der Graf.

»Na natürlich«, sagte der Baron, »wenn man überall Großfürsten sieht, werden die Attentäter nicht wissen, ob sie die rechten vor sich haben.«

Der Graf drückte dem Baron die Hände und tat, wie ihm geheißen ward.

Und bald sah man so viele falsche Großfürsten, daß die echten nichts mehr zu befürchten hatten.

Hinter Milwaukee in Amerika fand nun der Baron die Glasfabriken. Sie waren tatsächlich sehr großartig.

»Aber«, rief der alte Herr, »wo sind die Glaspaläste, in denen ich wohnen soll?«

Ja – die waren noch nicht da.

Der alte Herr telegraphierte an die Gräfin Clarissa, daß sie erst nach drei Monaten nachkommen könnte.

Danach baute der alte Herr für sich und die Gräfin einen nicht sehr umfangreichen Glaspalast. Eisengerippe wurden in den Steinboden hineinzementiert, und dann kamen doppelte Glaswände (bunt ornamentierte) in die Eisengerippe.

Eine leichte Hallenanlage.

Überall Steinmosaik als Fußboden.

Und elektrisches Licht kam zwischen die Wände und in die innen befindlichen Säulen.

In diesen wurden auch Heiz- und Kühlanlagen untergebracht.

Natürlich: Die Säulen hatten alle möglichen Formen, und bunt ornamentiertes Glas umschloß die Säulen.

In drei Monaten war alles fertig.

Und die Gräfin Clarissa schlug die Hände überm Kopfe zusammen, als sie dieses Prachtschloß sah; sie ordnete gleich an, daß in ihren Zimmern Stoff auf den Fußboden kam und einige Portieren vor den Türen angebracht wurden.

Nachts sah das kleine Schloß auch von außen wie ein Juwel aus.

Die Millionäre gratulierten dem alten Herrn, als sie seine erste Schöpfung sahen.

Der aber sagte etwas mißlaunig:

»Sie wollen wie echte Hochstapler Reklame machen für Dinge, die eigentlich noch garnicht da sind. Was ich hier gemacht habe, ist doch nur ein kleines Provisorium. Jetzt mehr Architekten anstellen!«

Das letztere geschah sogleich.

Danach verkehrte der Baron nur noch mit den Architekten.

»Eine Fabrik organisieren«, sagte er eines Tages, »ist wahrlich keine Kleinigkeit. Jetzt kommt es darauf an, daß dieses etwas provisorische Eldorado rasch in der ganzen Welt bekannt wird.«

Die Architekten blickten gespannt ihren Baron an.

Der schwieg aber.

Die Gräfin Clarissa ließ Pfirsiche bringen auf blauen Porzellanschalen.

Danach zog sie ihre Zigarettendose aus Email hervor – und zündete sich eine Zigarette an.

»Es ist ein historischer Moment! Ich empfehle den Herren, erst zu rauchen und die Pfirsiche nur anzusehen. Wir wollen durchaus nicht, daß der feierliche Moment gestört wird.«

»Clarissa«, sagte der Baron, »Du bemühst Dich wohl, ironisch zu werden.«

Die Herren rauchten.

Clarissa schwieg.

Der alte Baron rauchte auch und sagte dann langsam – es war 5 Uhr nachmittags und die Sonne ging grade unter, da es Winter war:

»Ja, meine Herren, was soll eigentlich bekannt werden? Sollen die paar Glasvillen, die wir hier gebaut haben, bekannt werden? Ich dächte, wir bauen erst mehr, bevor wir mit dem Gebauten an die Öffentlichkeit treten. Als ich im Jahre 1912 hier ankam, dachte ich, daß schon etwas Neues da wäre. Aber – man hatte mich reingelegt; ich kam in eine Wildnis. Da organisieren! Man könnte mich Wildnisorganisator nennen. Es ist also noch nicht so weit, daß wir heute schon etwas Großartiges bekannt machen könnten. Dieses muß erst da sein.«

Die Clarissa rief lachend:

»Wenns aber da ist, wie willst Du denn die Sache bekannt machen? Willst Du vielleicht die Sache durch die Zeitungen bekannt machen? Das ist nicht so schwer. Und neu ist es auch nicht. Münch aber will doch immer das Neue, und das Leichte mag er auch nicht so gerne. Demnach bin ich weiter gespannt und warte auf den historischen Moment.«

Der Baron lächelte und sagte danach:

»Die Clarissa hat ein Ahnungsvermögen; sie weiß immer, wenn etwas Wichtiges kommt.«

»Ah!« sagten nun alle.

Doch der Baron sagte:

»So einfach ist die Geschichte nicht, die ich jetzt deutlich machen will. Ich bin hier auch als Organisator der Reklame engagiert. Und da habe ich länger über die Geschichte nachgedacht. Wollen wir das Ende der Backsteinkulturepoche herbeiführen, so haben wir die Glaskulturepoche daneben zu stellen. Das Bessere verdrängt immer das Gute. Wie aber wollen wir dieses anfangen – dieses Danebenstellen? Wir müssen die Glaskultur so vorführen, daß sie einem vernünftigen Zwecke entspricht. Kurzum: ich meine, daß wir eine Licht- und Farbensignalsprache zu erfinden haben – dieser müssen dann die Glaspaläste entsprechen. Diese sind *nötig*, wenn wir eine Licht- und Farbensignalsprache einführen wollen. Licht und Farbe lassen sich doch nur durch Glasarrangements herstellen. Da wirds denn sehr natürlich aussehen, wenn wir die Signalhäuser gleich ganz und gar aus Glas und Eisen herstellen lassen – und die Herstellung dieser Signalhäuser muß auch an möglichst vielen Punkten der Erde geschehen.«

»Münch«, rief die Clarissa, »jetzt weiß ich weiter: Du willst durch diese Signalhäuser gleich die gesamten Zeitungen verdrängen – hab ich Recht?«

»Das hast Du!« sagte der Baron.

Da kamen denn die Architekten nach und nach dahinter, daß diese Reklame zweifellos eine vorzügliche sei.

»Und«, sagte ein junger Architekt, »die Signalhäuser könnten auch, wenn Wichtiges nicht vorfällt, Inserate signalisieren. Dadurch wären die Kosten der Bauten leicht aufzubringen.«

Der Baron sagte lachend:

»Jetzt wollen wir aber nicht in Geschäftsphantasieen verfallen. Die Zeitungen werden durch die neue Licht- und Farbenkonkurrenz bald umgebracht sein. Jetzt heißt es aber: die Signalsprache *erfinden*!«

»Vordem«, sagte die Gräfin Clarissa, »müssen wir aber die Pfirsiche verzehren. Einem historischen Moment muß immer ein frugales Frühstück folgen.«

Die elektrischen Lampen wurden angezündet, und die Pfirsiche wurden verzehrt.

Der Baron und die Religion

Der alte Baron wurde nun sehr bald in Amerika die Größe des Tages; seine Signalsprache und seine Signalstationen beschäftigten alle Welt. Und bald kannte Jedermann die Farben- und Lichtsignale und konnte sie jederzeit entziffern – am Tage und in der Nacht.

Die Zeitungen erhielten unzählige Abbestellungen und selbst die größeren Tageszeitungen mußten sehr bald ihren Betrieb verkleinern.

Dadurch wurde nun auch die Glasarchitektur ein allgemeines Tagesthema; die Signalstationen wirkten wie Brillanten – stachen Allen in die Augen und erregten einen allgemeinen Licht- und Farbenbrand, sodaß sehr viele Leute in Glasvillen leben wollten und beim Baron immer mehr Bestellungen einliefen.

Die Lebensinteressen veränderten sich dadurch ganz erheblich; man wollte nicht mehr in Backsteinhäusern leben; die größeren Backstein-Hotels und -Restaurants verloren ihre Anziehungskraft.

Da wars nur ganz natürlich, daß auch die vielen religiösen Sekten auf den alten Baron aufmerksam wurden.

Und bald kamen Vertreter vieler Religionen zum alten Baron in die Glasfabrik hinter Milwaukee. Neben der Fabrik entstand sehr bald eine große Kolonie von Glasvillen und Glaspalästen.

In einem der größten Glaspaläste wohnte jetzt der Baron mit der Gräfin Clarissa wie ein Nabob und empfing täglich Besucher aus allen Gegenden der Welt; es ging sehr lebhaft bei ihm zu.

Merkwürdiger Weise drehte sich bald alles in diesem großen Glaspalaste des Barons um die Religion.

Die religiösen Fanatiker wollten einen Zusammenhang zwischen Religion und Glas entdecken, schrieben diesem magische übernatürliche Wirkungen zu und setzten den Baron nicht selten mit ihren merkwürdigen Fragen in Verlegenheit.

Der Baron nannte seine Kolonie nur das »Provisorium«. Dadurch erzielte er aber, daß jetzt sehr viele Leute von ihm noch mehr und ganz übernatürliche Dinge verlangten. Man brachte Kranke zu dem alten Herrn; er sollte alle möglichen Gebrechen heilen; er sollte Wundarzt und Nervenarzt spielen; er geriet schließlich in eine kleine Verzweiflung.

Dazu kam noch, daß sein hohes Alter immer mehr den Leuten zum Bewußtsein kam. Viele hielten den alten Herrn für eine übernatürliche Erscheinung. Und auch die Geldleute, die hinter der Glasfabrik standen, waren sehr geneigt, in ihrem Münchhausen übernatürliche göttliche Kräfte zu entdecken.

Münchhausen empfing zudem in einem Glassaale, der größer war als der Dom zu Köln. Und da in diesem Riesensaal alle Wände und die Decken nur aus Stahl und Glas bestanden, so wirkte das Ganze sehr bald so religiös, daß ein lautes Wort Niemand mehr zu sprechen wagte. Riesig imposant wirkten die großen Säulen, deren Glasumkleidung natürlich in der Farbe zu den Farben der Wände kontrastierte.

Der Boden des Saales war hügelig und mit vielen Pflanzen bedeckt. Man stieg auf Marmorstufen hinauf und konnte auf Terrassen sitzen – in der Tiefe gab es auch kleine Teiche mit Schwänen. Die großen Palmenhäuser der botanischen Gärten hätten hier im Arrangement viel lernen können.

Zunächst empfing der Baron familiär wie ein alter Hausvater.

Als aber die Audienzen immer feierlicher wurden, ging das nicht mehr an; man konnte auch nicht täglich ein paar hundert Gäste freundlich bewirten; das nahm doch zu viel Zeit in Anspruch und ermüdete auch den alten Herrn.

Somit gabs bald nur noch feierliche Empfänge, wie sie bei den großen Potentaten großer Staaten üblich sind.

Allerdings: im sogenannten »Provisorium« wurde ganz anders verhandelt als bei den Staatsaktionen der Potentaten; bei diesen handelte es sich doch immer nur um geschäftliche, familiäre oder rein formelle Angelegenheiten – das fiel natürlich im »Provisorium« einfach fort. Und da man hier nur möglichst bedeutsame Angelegenheiten abhandeln wollte, so bekam *Alles* ganz naturgemäß sehr bald einen rein religiösen Anstrich.

»Jetzt könnte ich auch eine neue Religion gründen!« sagte der alte Herr zur Gräfin Clarissa.

Diese schüttelte dazu mit dem Kopfe, aber sie wohnte allen Audienzen bei und interessierte sich sehr lebhaft für die dabei stattfindenden Debatten.

Es würde nun natürlich zu weit führen, wenn wir hier ein großes Gesamtbild aller dieser höchst merkwürdigen Verhandlungen geben wollten.

Nur ein paar kleine Scenen mögen im Folgenden diese Provisoriums-Audienzen ein wenig illustrieren:

Eine theistische Gemeinde ließ sich eines Tages melden; es kamen über hundert Personen, zumeist Männer in den besten Jahren; sie erzählten mit großem Eifer, daß sie den Glauben an *einen* Gott wieder zu Ehren bringen wollten.

Der Baron ließ die Herren ausreden.

Danach aber sprach er das Folgende:

»Sie tun so, als wenn Sie das große Licht entdeckt hätten, indem Sie sagen, daß Sie nur an *einen* Gott glauben wollen. Und Sie kommen sich wahrscheinlich sehr aufgeklärt vor. Nun bitte ich Sie, mir eine Frage zu beantworten: Können Sie den großen Weltenraum, in dem wir leben und sterben, begreifen? Er ist nach allen Richtungen unendlich. Können Sie diese Unendlichkeit nach unendlich vielen Seiten begreifen? Oder – können Sie sich wenigstens eine Vorstellung von diesem unendlichen Raume machen?«

Die Herren Theisten wußten nicht recht, was sie darauf erwidern sollten; schließlich meinte der Älteste von ihnen:

»Davon können wir uns doch wohl keine Vorstellung bilden; das soll uns wohl ewig unverständlich bleiben.«

»Ja«, erwiderte der Baron, »wenn Ihr das aber nicht einmal könnt, so weiß ich nicht, warum Ihr nicht auch die Frage, ob es einen Gott oder mehrere gibt, für ewig unbeantwortbar haltet. Warum sagt Ihr nicht, auch dieses würde Euch wohl ewig unverständlich bleiben? Man zerbricht sich doch nicht den Kopf über unfaßbare Dinge. Wenn ich den unendlichen Weltraum nicht begreifen kann, so ist mir doch ein Wesen, das diesen ganzen unendlichen Weltraum erfüllt, erst recht total unverständlich.«

Acht Tage nach dieser Unterhaltung erhielt der Baron ein langes Telegramm von dieser Theisten-Sekte, in dem mitgeteilt wurde, daß sich die ganze Sekte einstimmig aufgelöst habe.

Das freute besonders die Clarissa in außerordentlicher Weise.

Dann kamen auch mal ein Dutzend Irokesenhäuptlinge und wollten von dem großen Baron wissen, ob der »große Geist« ein guter Geist sei.

Als das der Baron bejahte, schüttelten die braven Häuptlinge das federgeschmückte Haupt und sagten:

»Das können wir nicht mehr glauben, da es so viel Ungeziefer gibt.«

Hierauf der Baron:

»Also Ihr wißt nicht, warum Euch das Ungeziefer so plagt? Das wißt Ihr nicht?«

Die Antwort lautete:

»Nein!«

»Nun«, fuhr der Baron lächelnd fort, »die Geschichte ist doch sehr klar. Damit will der große Geist zu Euch sagen: wohnt endlich mal in Glasvillen, da gibts kein Ungeziefer mehr, da dieses im Stein und Glase keine Schlupfwinkel findet; es ist auch leicht mit dem Vacuumsauger zu entfernen.«

Da machten die Häuptlinge große Augen.

Und sie bestellten gleich in der Fabrik ein paar Glasvillen.

Und der Baron sprach nachher zu Clarissa:

»Man kann doch überall feine Zusammenhänge entdecken, die auf das Wirken von guten Geistern hindeuten. Jede Unbequemlichkeit ist ein Druckmittel, das Energie erzeugt. Und jeder Schmerz will dasselbe. Perpetuirlich in Luft leben, führt zu garnichts, ist tierisch und erschlafft, macht auch dumm. Wer überflüssiges Geld hat, gehört selten zu den Klugen. Es gibt wohl eine höhere Gerechtigkeit.«

Die Clarissa erwiderte:

»Das Provisorium wird aber allmählich zum Orakel. Wer weiß, wonach Du morgen gefragt werden wirst. Ich hätte Lust, wie die Pythia zu Delphi aufzutreten. Da rede ich dann nur, was Münch mir souffliert.«

Sie lachten.

Aber am nächsten Tage kamen viele Leute, die alle wissen wollten, ob sie nicht recht daran täten, aus der christlichen Kirche auszutreten; sie wandten sich dabei sehr heftig gegen die nach ihrer Meinung unverständliche Dreieinigkeit.

Der Baron sprach, und es klang feierlich in dem weiten Hallenraum:

»In religiösen Dingen soll man doch sehr vorsichtig mit der sogenannten Aufklärungarbeit vorgehen. Man verdammt sehr oft Dinge, die man garnicht verstanden hat. Man denkt, daß Idioten sich das große Wort in der Weltgeschichte eroberten. Das ist nie der Fall gewesen; wohl aber sind die Worte der Weisen oft von Idioten so verstümmelt, daß man allerdings aus den Verstümmelungen garnicht mehr klug werden kann. An diesen ist oft aber blos die Unwissenheit der Verbreiter einer Lehre schuld. Ich glaube, daß im Ursprünglichen immer etwas enthalten ist, das man wohl als Erkenntnis bezeichnen kann; nur die Erklärer machen nachher sehr oft eine ganz verworrene Geschichte daraus. Hauptsache ist, daß wir selber nicht verworren werden. Ich weiß wohl, daß mans werden kann, wenn man zu viel auf einmal sich klar machen will. Dann wird man anfänglich so klar, daß man sich simpel vorkommt – und nachher, wenn man zuviel beantworten muß, so kann man oft, wenn man nicht ehrlich gegen sich ist, zum Phrasendrechsler werden, der immer wie ein Seiltänzer aussieht, der bald vom Tau fallen muß.«

»Zur Sache!« rief da die Gräfin Clarissa.

Der Baron aber fuhr fort:

»Das wollte ich mir schon selber zurufen. Die Dreieinigkeit ist eine Sache, die über 5000 Jahre alt ist. Die babylonischen Priester sahen immerzu zum Himmel empor, was sehr löblich ist. Sie hatten noch keine Fernrohre und Teleskope, dachten ganz einfach, sahen die Sterne nur als Punkte – drei Sterne aber waren kleine Scheiben: Sonne, Mond und Venus. Diese Drei wurden bald zu einer Dreieinigkeit. Die babylonischen Priester sahen, daß sich alle Fixsterne um die Erde drehten, sie erfanden darum die 12 Tierkreisbilder, in denen sich die fünf Planeten, Sonne und Mond bewegten. Nun entdeckten sie, daß sich immer drei Punkte, wenn sie nicht in einer Graden liegen, durch eine Kreislinie verbunden werden konnten. Dadurch wurde die Dreieinigkeit weiter ausgebildet. Aus dieser, nur auf Sternbetrachtung gegründeten Spekulation, entstand dann alles Dreieinige. Dieses hat also ein großes Alter und ist ehrwürdig – nicht nur des Alters wegen – sondern weil es auf der Sternbetrachtung beruht, aus ihr hervorgeht. Was aus dieser hervorgeht, ist gewissermaßen immer gut. Darum seien Sie vorsichtig bei Ihrer Aufklärungsarbeit. Bedenken Sie, daß wir heute mit allen unsern Teleskopen nicht viel mehr von der Sternenwelt begreifen, als die alten Priester in Babylon. Und darum seien Sie jeder Religion gegenüber freundlich; ein guter Kern steckt in allen Religionen.«

Darüber sprachen sie noch sehr viel.

Am nächsten Abend sagte die Clarissa, als sie an dem großen Teich ihres Saales vorübergingen – als da der Teich von den farbigen Lichtern der Säulen und Wände und Decken ganz bunt wurde –

auch die weißen Schwäne wurden ganz bunt:

»Münch! Derartige Erörterungen wie die gestrige wollen wir jetzt nicht mehr ohne erhöhte Feierlichkeit zum Besten geben. Ich möchte Pythia spielen und dann orakeln. Du mußt soufflieren. Aber wir müssen uns zunächst die Fragen selber stellen, damit wir den Leuten auch etwas Handgreifliches und nicht nur Spekulatives bieten können.«

Der Baron war einverstanden.

»Wie«, fragte die Clarissa, »willst Du die erste Frage formuliert haben?«

»Sehr einfach«, sagte der alte Herr, »frage mich nach dem guten Kern, der in allen Mysterien des Altertums steckt. Dann werde ich Dir eine Antwort aufschreiben, die Du dann in bengalischer Beleuchtung ablesen kannst.«

»Bengalische Beleuchtung?«

Also die Gräfin.

»Freilich!« erwiderte der alte Herr, »Dein Gesicht wird durch grünen Scheinwerfer unheimlich gemacht. Ringsum dunkelviolette Finsternis. Das wollen wir wirkungsvoll herausbringen.«

Und der Text, den die Gräfin grün beleuchtet vorzulesen hatte, lautete:

»Die unverstandenen Mysterien, besonders die eleusinischen Mysterien im alten Hellas, wirkten vornehmlich durch ein großes Licht, das den ganzen Raum erfüllte. Und der Myste empfand die Wirkung dieses Lichtes so ungeheuerlich überwältigend, daß er auf die Kniee sank; wenn er auch anfänglich dem Zauber der Mysterien skeptisch gegenübergestanden hatte. Dieses große Licht ist der gute Kern der Mysterien. Ihn sollen wir auch heute noch fest halten und in unsern Glaspalästen wieder zur Wirkung bringen. Das große Licht macht den Menschen gut. Durch das große Licht werden große Gedanken im Menschen lebendig. Das große Licht beim Fronleichnamsfeste der katholischen Kirche stammt auch aus der Schatzkammer der alten Mysterien. Und der Weihnachtsbaum der gesammten Christenheit stammt ebenfalls daher. Darum baut Glaspaläste – damit Ihr das, was früher nur auf großen Festen geboten wurde, auch öfters zu Hause haben könnt. Die Glasarchitektur ist ein Kind der alten Mysterien. Nicht mit Unrecht hat man im farbigen Glase einen geheimnisvollen mystischen Zauber vermutet. Schon die alten Kirchen des europäischen Mittelalters zeigten sehr viele Glasfenster. Die wollen wir wieder haben, damit unser ganzes Leben kathedralenhaft wird. Heute können wir durch den Eisenbau noch größere Glaswirkungen hervorbringen – als im europäischen Mittelalter. Das große Licht soll der Erlöser der Menschheit sein.«

Das brachte nun die Clarissa vor großem Publikum machtvoll heraus.

Der Baron freute sich sehr.

Und die Zuhörer gingen gleich nachher in Scharen zur Fabrik und bestellten Glasvillen und Glaspaläste.

Das Provisorium aber wurde täglich größer.

Die Fabrikherren waren außer sich vor Seligkeit.

Einen solchen Baron hielten sie für unbezahlbar – und sie gewährten ihm einen unbeschränkten Kredit.

Sämmtliche religiösen Sekten in Amerika bestellten große Glas-Kathedralen.

Und so ward die Glasarchitektur durch die Verbindung mit der Religion immer größer.

Die Worte der Clarissa über Mysterien wurden auch von allen Scheinwerfern der Signalstationen feierlich in Licht- und Farbensprache durch die Lande getragen.

Der Baron als Erzieher

In Amerika war nun die Glaskultur als durchgesetzt zu betrachten; das herrliche Tiffany-Glas wurde in ungeheuren Quantitäten hergestellt, aber auch alle anderen Glasarten erfreuten sich einer großen Beliebtheit.

An vielen Punkten der Vereinigten Staaten von Amerika, die für ganz Amerika tonangebend waren, wurden bereits die alten Backsteinhäuser abgebrochen. Und man begann, die Wege durch Backsteine glatt zu machen; es gab schon lange Backstein-Chausseen, deren Backsteine aus den Häusern der Städte stammten.

Die organisatorische Tätigkeit des Freiherrn von Münchhausen hatte ganz Amerika auf die richtigen Wege geleitet; nun entwikkelte sich alles – beinahe von selbst.

Amerika war also in der Kultur allen andern Erdteilen vorausgeeilt. Wenn der alte Münchhausen den Wunsch geäußert hätte, Kaiser von Pan-Amerika zu werden – alle Amerikaner hätten ihm ohne Weiteres das dickste Scepter übergeben – mitsamt einer Krone von vielen Centnern Gewicht.

Aber der alte Herr sagte kühl:

»Regiert Euch allein! Ich habe keine Potentatengelüste – so sind mir die Amerikaner denn doch nicht ans Herz gewachsen, daß ich mich um *alle* ihre Angelegenheiten kümmern und immer aufm Thron sitzen und regieren sollte. Ich liege lieber aufm Diwan und rauche eine Cigarre nach der andern. Das ist bequemer.«

Also – mit dem Regierungsrummel ließ sich bei dem alten Herrn wirklich nichts anfangen; er hatte auch wahrlich für Amerika genug getan.

Jetzt aber dachte der unermüdliche alte Herr über die andern Erdteile nach. Und er sagte zu seiner Clarissa eines Tages:

»Die andern Erdteile tun mir in der Tat in der Seele leid – besonders das arme Europa dauert mich. Da wohnen die Leute immer noch in finstern Backsteinhöhlen und bekommen nur finstere Gedanken. Das große Licht ist ihnen noch nicht aufgegangen. Sie haben die Bedeutung des großen Lichts noch nicht begriffen. Die Ärmsten tun mir in der Tat in der Seele leid. Selbst im Tierreich ist es doch so, daß die Tiere, die sich eine anständige Wohnung zulegen, recht lange leben bleiben – wie die Bienen, Biber, Ameisen und Schwalben. Auf der anderen Seite sehen wir, daß Tiere wie die

Schweine, die auf ihre Wohnungsverhältnisse gar keinen Wert legen, rettungslos dem Untergange verfallen sind. Das ist ja weltbekannt. Und doch achtet in Europa Niemand auf diese allzu deutliche Sprache der Natur. Lebe in einem Glashause, sagen wir dagegen, so wird es Dir wohl ergehen, und Du wirst lange leben und glückliche Einfälle haben.«

»Münch«, rief die Clarissa, »Du bekommst, wie mir deucht, das Redefieber. Du bist der Kikero der modernen Kultur. Der Glas-Kikero! Oh!«

Der Baron sprang vom Diwan auf und sprach scharf wie ein ergrimmter Ober-General:

»Clarissa! Du darfst hier keine Münchhausen-Lästerungen ausstoßen! Das geht nicht! Wenn Du das noch mal tust, drück ich hier auf den Domestikenknopf und lasse sofort zehn Scharfrichter kommen! Ich werde mir schon Respekt verschaffen. Gleich wirst Du Dich anziehen und mit mir nach Europa reisen. Meine Rettungstätigkeit habe ich schon ganz heimlich vorbereitet.«

Die Gräfin Clarissa klatschte in die Hände und sang immerzu: »Bravo! Bravissimo!«

Der Baron sang mit, rief aber plötzlich:

»Aber Du sollst Dich doch anziehen.«

Da ging sie in ihr Boudoir.

Und dann fuhren die Beiden nach Europa – natürlich in ihrem großen Aeroplan-Omnibus, der schon manche Fahrt über den Atlantischen hinter sich hatte.

Über Madeira drehte sich die Gräfin um und blickte nach dem Westen.

»Ei!« rief sie, »da kommt aber eine dunkle Wolke heran. Wir müssen auf Madeira landen.«

»Landen«, versetzte der Baron, »können wir ja. Aber da im Westen ist gar keine Wolke.«

»Was denn?« fragte die Gräfin.

»Mein Gepäck!« sagte der Baron sehr schlicht.

Da wunderte sich die Gräfin. Aber sie sah mit dem Aeroplan-Telescop hin und erkannte bald, daß die Wolke eine Aeroplan-Wolke war.

»Donnerwetter! Münch!« rief sie heftig, »mit so viel Gepäck fährst Du nach Europa? Das ist ja eine entzückende Überraschung!«

»Zur Strafe«, sagte der Baron, »für Deine Ironie.«
Die Gräfin küßte dem alten Herrn ehrfurchtsvoll die Hand.
Danach aßen sie auf der neuen Glasterrasse des Amerikahotels zu Madeira ein gutes Abendbrot und tranken den Landwein der Insel.
Der Vollmond spiegelte sich in den Weingläsern.

»Jetzt werde ich mich«, sagte der Baron über der portugiesichen Küste, »als Erzieher produzieren.«
»Münchhausen als Erzieher«, sagte die Gräfin, »klingt nicht grade sehr neu. Erst kam Schopenhauer als Erzieher, dann Rembrandt als Erzieher – und dann tausend Andre. In Deutschland scheint man nämlich sehr viel von Erziehung zu halten.«
»Darum«, versetzte der Baron mit verschmitztem Lächeln, »will ich mich auch in Deutschland als Erzieher vorstellen. Wir fahren zuerst nach Berlin. Mein Gepäck besteht nur aus 50 Glasarchitektur-Ausstellungen. Die Modelle sind alle in Koffern. Es wird gleich in 50 Städten ausgestellt – zu gleicher Zeit in 50 Städten.«
»Prachtvoll!« rief die Gräfin.

Und die Ausstellungen wurden in 50 Städten arrangiert.
Die Ausstellungen, auf denen sehr viele Villen- und Palastmodelle zu sehen waren, erregten das Interesse bei allen Regierungen.
Nur eine komische Seite kam dabei heraus:
Alle Zeitungen berichteten, daß auch der alte Baron auf allen diesen Ausstellungen, die am selben Tage eröffnet wurden, eine Ansprache und ein paar kleine Vorträge gehalten habe.
Die Europäer schüttelten den Kopf.
Wie wars möglich, daß der Baron an einem und demselben Tage in Wien, Paris, Berlin, London und Petersburg – und noch in 45 andern Städten zu gleicher Zeit auftreten konnte?
Einzelne wollten an Hexerei glauben.
Sie wurden aber ausgelacht.
Man kam bald dahinter:
Kinematograph und Grammophon hatten so täuschend den alten Herrn in den Ausstellungen imitiert, daß kein einziger Zeitungsberichterstatter die Täuschung bemerkte.
Die armen Berichterstatter wurden nun ebenfalls erbarmungslos ausgelacht.
Der Baron aber sagte zu Ihnen:

»Sehen Sie: warum führen Sie meine Signalstationen nicht ein? Stationen kann man unter keinen Umständen auslachen.«

Die Geschichte hatte leider ein merkwürdiges Nachspiel.

Der Baron verkehrte in vielen Gesellschaften.

Und da geschah das Unglaubliche:

Man sah ihn eines Abends sowohl in München wie in Rom – in Berlin und auch in Stockholm.

Das wurde von glaubwürdigen Personen bestätigt; der Baron wurde der Doppelgängerei beschuldigt und verhaftet.

All sein Leugnen half ihm in Berlin nicht viel.

Er wurde schließlich aus Deutschland ausgewiesen.

»Die Sache geht mir über den Spaß«, sagte er zur Clarissa, »da haben sich ein paar alte Schauspieler einen Scherz geleistet, und ich werde dafür ausgewiesen. Außerdem werde ich jetzt *auch* ausgelacht. Mögen nun meine Ausstellungen ohne mich arbeiten. Wir ziehen uns schleunigst ins alte Provisorium hinter Milwaukee zurück. Als Erzieher habe ich keine Lorbeeren geerntet.«

»Schadet nichts!« sagte die Gräfin Clarissa, »wenn nur die Glaskultur auch in den andern Erdteilen siegreich ist.«

»Viktoria!« schrie der Baron.

Und damit stiegen sie auf im großen Aeroplan – und der alte Herr sagte über Paris:

»Meinetwegen können auch die Pariser über mich lachen; mir war das Lachen niemals unangenehm, auch wenns nur wie ein Auslachen klang.«

In Europa aber hattens jetzt die alten Herrn sehr schlecht. Man traute keinem alten Herrn mehr. Das Alter und das schneeweiße Haar geriet ganz eklig in Mißkredit.

Immer hieß es:

»Vorsicht! Acht geben, daß der alte Herr nicht als Baron Münchhausen auftritt!«

Man mied die alten Herren. Und diese verwünschten den Baron. Das aber schadete dem in Amerika ganz und gar nicht.

Phantastische Bibliothek
in den Suhrkamp Taschenbüchern
Eine Auswahl

Aldiss, Brian W.: Der unmögliche Stern. Science-fiction-Geschichten. Aus dem Englischen von Rudolf Hermstein. st 834

Babits, Mihály: Der Storchkalif. Phantastischer Roman. Aus dem Ungarischen von Stefan J. Klein. st 976

Ballard, J. G.: Billennium. Science-fiction-Erzählungen. Aus dem Englischen von Alfred Scholz und Michael Walter. st 896

– Hallo Amerika! Science-fiction-Roman. Aus dem Englischen von Rudolf Hermstein. st 895

– Kristallwelt. Science-fiction-Roman. Deutsch von Margarete Bormann. st 818

– Mythen der nahen Zukunft. Science-fiction-Erzählungen. Aus dem Englischen von Franz Rottensteiner. st 1167

– Der vierdimensionale Alptraum. Science-fiction-Erzählungen. Aus dem Englischen von W. Eisermann. st 1014

– Die Zeitgräber und andere phantastische Erzählungen. Aus dem Englischen von Charlotte Franke. st 1082

Becher, Martin Roda: Nachwelt. Phantastische Erzählungen. st 1041

Bierce, Ambrose: Das Spukhaus. Gespenstergeschichten. Deutsch von G. Günther, A. Strauß und K. B. Leder. st 365

Bioy Casares, Adolfo: Morels Erfindung. Phantastischer Roman. Aus dem Spanischen von Karl August Horst. Mit einem Nachwort von Jorge Louis Borges. st 939

Blackwood, Algernon: Besuch von Drüben. Gruselgeschichten. Deutsch von F. Polakovics. st 411

– Der Griff aus dem Dunkel. Gespenstergeschichten. Deutsch von F. Polakovics. st 518

Braun, Johanna u. Günter: Der Fehlfaktor. Utopisch-phantastische Erzählungen. st 687

– Unheimliche Erscheinungsformen auf Omega XI. st 646

– Das kugeltranszendentale Vorhaben. Phantastischer Roman. st 948

– Der x-mal vervielfachte Held. Phantastische Erzählungen. st 1137

Bulwer-Lytton, Edward: Das kommende Geschlecht. Roman. st 609

Buzzati, Dino: Die Maschine des Aldo Christofari und andere phantastische Erzählungen. Herausgegeben von Kalju Kirde. st 1175

Chesterton, G. K.: Der Held von Notting Hill. Phantastischer Roman. Aus dem Englischen von Manfred Georg. Herausgegeben und mit einem Nachwort versehen von Carl Amery. st 1174

Dick, Philip K.: LSD-Astronauten. Deutsch von Anneliese Strauß. st 732

52/1/8.86

Phantastische Bibliothek in den Suhrkamp Taschenbüchern Eine Auswahl

52/2/8.86

Phantastische Bibliothek
in den Suhrkamp Taschenbüchern
Eine Auswahl

– Robotermärchen. Aus dem Polnischen übersetzt von I. Zimmermann-Göllheim. st 856
– Der Schnupfen. Kriminalroman. Deutsch von K. Staemmler. st 570
– Die Untersuchung. Kriminalroman. Deutsch von J. Reuter und H. J. Mayer. st 453
– Wie die Welt noch einmal davonkam. Der Kyberiade erster Teil. st 1181

Levett, Oswald: Verirrt in den Zeiten. Roman. st 1282

Lovecraft, H. P.: Berge des Wahnsinns. st 220
– Cthulhu. Geistergeschichten. Deutsch von H. C. Artmann. Vorwort G. Manganelli. st 29
– Das Ding auf der Schwelle. Unheimliche Geschichten. Deutsch von R. Hermstein. st 357
– Die Katzen von Ulthar. st 625
– Stadt ohne Namen. Deutsch von Charlotte Gräfin von Klinckowstroem. Mit einem Nachwort von Dirk Mosig. st 694

Madsen, Svend Åge: Dem Tag entgegen. Utopischer Roman. Aus dem Dänischen von H. Schröder. st 1020

Maupassant, Guy de: Die Totenhand und andere phantastische Erzählungen. Aus dem Französischen v. W. Widmer u. a. st 1040

Maximovič, Gerd: Das Spinnenloch und andere Science-fiction-Erzählungen. st 1035

Mercier, Louis-Sébastien: Das Jahr 2440. Ein Traum aller Träume. Deutsch von Christian Felix Weiße (1772). Herausgegeben, mit Erläuterungen und einem Nachwort versehen von Herbert Jaumann. st 676

Nesvadba, Josef: Die absolute Maschine. Science-fiction-Erzählungen. Aus dem Tschechischen von Erich Bertleff. st 961

Phantastische Aussichten. Ein Querschnitt durch die Phantastische Bibliothek. Herausgegeben von Franz Rottensteiner. st 1188

Phantastische Träume. Herausgegeben von Franz Rottensteiner. st 954

Phantastische Welten. Erzählungen der Phantastischen Bibliothek. Herausgegeben von Franz Rottensteiner. st 1068

Poe, Edgar Allan: Der Fall des Hauses Ascher. Deutsch von A. Schmidt und H. Wollschläger. st 517

Polaris 9. Ein Science-fiction-Almanach. Herausgegeben von Franz Rottensteiner. st 1168

Polaris 10. Ein Science-fiction-Almanach. Arkadi und Boris Strugatzki gewidmet. Herausgegeben von Franz Rottensteiner. st 1248

52/3/8.86

52/4/8.86